스마트폰 메모

: 차이를 만드는 습관의 힘

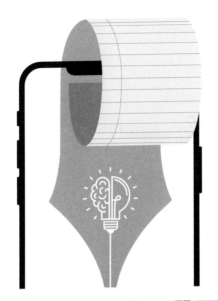

스마트폰 메모

: 차이를 만드는 습관의 힘

스도 료 지음 • 오시연 옮김

스마트폰 메모

차이를 만드는 습관의 힘

—

2020년 7월 15일 1판 1쇄 인쇄
2020년 7월 20일 1판 1쇄 발행

—

지은이 스도 료
옮긴이 오시연
펴낸이 이상훈
펴낸곳 책밥
주소 03986 서울시 마포구 동교로23길 116 3층
전화 번호 02-582-6707
팩스 번호 02-335-6702
홈페이지 www.bookisbab.co.kr
등록 2007.1.31. 제313-2007-126호

—

기획 권경자
진행 기획부 허주영
디자인 디자인허브

—

ISBN 979-11-90641-10-4 (03190)
정가 14,000원

책밥은 (주)오렌지페이퍼의 출판 브랜드입니다.

이 도서의 국립중앙도서관 출판예정도서목록(CIP)은 서지정보유통지원시스템 홈페이지
(http://seoji.nl.go.kr)와 국가자료종합목록시스템(http://www.nl.go.kr/kolisnet)에서 이
용하실 수 있습니다. (CIP제어번호 : CIP2020026948)

하루 5분,

스마트폰 메모로
인생을 버전업하라.

이 책에서는 '스마트폰 메모로 지식을 창조하는 방법'에 대해 설명한다.

요즘은 어디를 가나 한 손에 스마트폰을 쥐고 걷는 사람들을 볼 수 있다. 스마트폰의 어떤 점이 그들을 매료시켰을까? 스마트폰으로는 세상에 모래알처럼 흩어져 있는 정보, 그것도 현재뿐만 아니라 과거의 정보까지 모을 수 있다. 이른바 '세상의 파인더' 기능이다. 또 인터넷만 된다면 어디든 누구에게든 무엇이든 발신하고 소통할 수 있다. 즉 '세상을 연결하는' 기능이다. 둘 다 인터넷으로 이룬 기술혁신이다. 스마트폰이 세상에 나오자 이제 개인이 그 기능을 소유하게 되었다.

이 기능들은 충분히 혁신적이다. 그런데 내 생각에 스마트폰에는 또 다른 중요한 기능과 역할이 있다. 바로 생각 베이

스캠프 기능이다. 이것은 인간이 지식을 창조하는 근간이라 할 수 있으며, 스마트폰 메모는 그 기능을 충분히 구현한다.

아마 여러분은 이미 스마트폰 메모를 활용하고 있을 것이다. 바쁜 현대인에게 캘린더와 메모 기능이 내장된 스마트폰은 정보를 입력하고 확인할 수 있는 편리하고 필수적인 도구로 자리 잡았다. 그러나 나처럼 어떤 일에 대해 보고 듣고 느끼는 것이나 견해를 메모하는, 이른바 '생각 메모'의 차원에서 활용하는 사람은 별로 없는 듯하다. 그런 내용은 노트나 메모지, 아니면 일기장에 기록하는 사람이 더 많다.

나는 이 책에서 설명하는 '스마트폰 메모'를 거의 5년 넘게 꾸준히 실천하고 있는데 그 덕분에 하나둘 좋은 일이 일어나고 있다. 일례로 연달아 책을 출판하게 되었다. 또 평소 내 의견을 조리 있게 말할 수 있게 되었다. 더불어 "요즘 활기 넘치네."라는 말도 종종 듣는다. 생각해 보니 이것은 스마트폰 메모를 사용함으로써 자신감이 붙은 결과였다.

그뿐만이 아니다. 스마트폰 메모를 하면서 뇌가 한층 활성화되었다. 쉽게 말해 머리가 좋아진 느낌이 든다. 이유가 무엇일까? 이는 내 느낌이나 견해를 저장해 놓고 필요한 순간 언제든지 꺼내 쓸 수 있다는 점 때문이다. 뇌에 저장해 둔 기억은 시간이 지나면 흐릿해지지만 스마트폰 메모는 변형되지 않는다. 그런 점에서 스마트폰 메모는 내 생각의 무한 창고라 할 수 있다.

또 하나는 메모를 자주 하면서 생각하는 시간이 늘어났다. 우리는 인풋과 아웃풋을 하면서 살아가는데 생각 메모는 둘 사이에서 중요한 역할을 한다. 정보를 입력해 문자로 나타내고 그것을 나중에 다시 읽어 보면서 생각을 다듬어 출력할 때 활용한다. 이 선순환을 거치면서 뇌가 활성화되는 것이다.

그리고 나는 '스마트폰 메모'가 최종적으로는(정확한 시기는 모르겠지만) 인공 지능과 연결될 것이라 확신한다. 생각의 무한 창고가 인공 지능과 연결되면 우리 뇌는 한층 활성화될 것이다. 그러면 우리는 지금까지 하지 못한 획기적인 의견과 제안을 아웃풋하는 존재로 변모할 수 있다.

인공 지능으로 뇌의 역량을 키우거나 '두뇌력'을 확장하는 것은 앞으로의 중요한 화두가 될 것이다. 개개인의 뇌의 용량을 확장하는 구체적인 방법으로 무엇이 있는지 생각해 보면, 스마트폰 메모가 중요한 역할을 하리라는 예감이 든다(11쪽 그림).

먼저 생각 무한 창고를 만들어 뇌의 용량을 확장한다(1단계). 이어서 인공 지능과 연결하여 더욱 큰 용량과 운용 능력을 획득하고 그것으로 세상의 사물과 현상에 대처한다(2단계). '메모와 인공 지능을 연결한다'는 생각은 아직 들어본 적이 없는 것 같다. 이것이 잘못된 생각이어서가 아니다. 아직 아무도 그 점을 의식하지 못한 상황이기 때문이다. 아무도 알아차리지 못한 것이다. 우리는 지금 출발선에 서 있는 것이 아닐까?

나는 어쩌다 시작한 스마트폰 메모로 그 점을 깨닫고 시행착오를 거듭하며 생각 메모를 적어 왔다. 지금 내 스마트폰에는 그렇게 적어 둔 생각 메모가 3,000여 개에 달한다. 이 책에서는 이렇게 쌓인 메모로 어떻게 지혜를 창조하는지, 내 경험을 예로 들어 최대한 쉽고 생생하게 묘사했다. 여러분이 새로운 시대를 향해 달릴 수 있도록 이 놀라운 경험을 공유하고자 한다. 이 책을 읽고 새로운 습관을 내 것으로 만들면 여러분도 신인류의 선두에 서게 될 것이다.

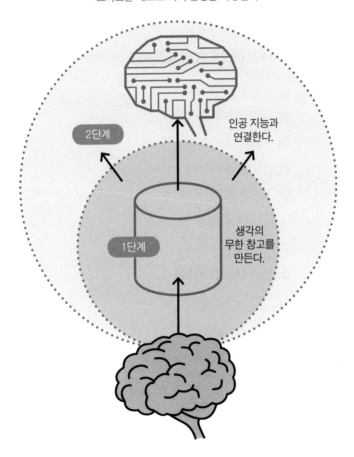

스마트폰 메모로 뇌의 용량을 확장한다

2단계

인공 지능과
연결한다.

1단계

생각의
무한 창고를
만든다.

6장   지금 시작하자, 스마트폰 메모 생활

1장

스마트폰 메모로
삶이 달라지다

일등 공신은 바로 스마트폰 메모였다. 스마트폰 메모로 평
소의 생각을 정리해 독자의 흥미를 끌 만한 내용으로 다듬
을 수 있었다. 즉 스마트폰 메모가 내 생각을 가치있게 만들
어 준 것이다.

01
스마트폰 메모를 시작하다

"두 번째 책이 결정되었어요." 출판사에서 기쁜 소식을 알려왔다. 첫 번째 책을 출간한 지 얼마 안 되었을 때였다. 이렇게 연이어 출판이 결정되다니 이게 꿈인지 생시인지 실감이 나지 않았다.

이 일의 일등 공신은 바로 스마트폰 메모였다. 스마트폰 메모로 평소의 생각을 정리해 독자의 흥미를 끌 만한 내용으로 다듬을 수 있었다. 즉 스마트폰 메모가 내 생각을 가치 있게 만들어 준 것이다.

내가 스마트폰으로 메모를 시작한 것은 그리 오래되지 않았다. 2013년 10월부터 2018년까지, 5년 동안 내가 끄적거

린 메모는 무려 3,204개였다. 이것이 많은지 적은지는 모르겠지만 다시 읽어 볼 때마다 무척이나 귀중한 기록이라고 생각한다. 이 메모에는 일과 취미, 나의 관심사와 감상 등 내가 생각했던 모든 것이 담겨 있기 때문이다.

나는 13년간 해외에서 살았다. 2013년, 일본으로 귀국하면서 본격적으로 SNS를 해 봐야겠다고 마음먹었다. 그 당시 샀던 스마트폰의 메모장에 '똥손 금손 주말 1그림'이라는 내용을 올리면 어떨까 하는 소소한 아이디어를 써 놓았는데 그것이 시작이었다(그림 1).

스마트폰 메모는 오랫동안 일본을 떠나 있었던 내게 일본 문화에 대한 감각을 되찾는 방법 중 하나가 되었다.

예를 들어 당시에는 도쿄 재개발이 한창 진행되어 어디를 가도 건물과 건물이 이어져 있었다. 나는 비가 오는 날에도 우산을 쓰지 않고 걸어 다닐 수 있다는 사실에 감탄하며 '도쿄의 홍콩화가 진행 중'이라고 메모했다.

또 '도시화는 미니 정원 만들기부터: 미니 정원 이론은 일

그림 1 소소하게 떠오르는 생각 기록

리가 있을지도. 예부터는 방콕의 국제 학교, 베이징의 호화 아파트에 이어 광저우의 신도시 주강신성(珠江新城)도 있었지. 일단 특정 구역만 다른 세상으로 만든 다음, 주변이 따라오게 만드는 거야. 그러면 최종적으로 홍콩이나 싱가포르처럼 변하는 거지.'라고 쓴 적도 있다(그림 2).

이런 식으로 내 눈에 띄는 뉴스와 세상에서 일어나는 일,

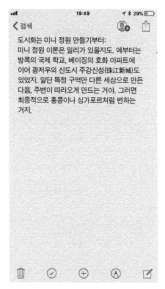

그림 2 세상에서 일어나는 일 기록

소소하게 떠오르는 생각과 느낌을 그때그때 기록하자 나의
생각 메모가 차곡차곡 쌓여 갔다. 그것이 책을 쓰는 행위로
발전할 줄은 상상도 하지 못했지만 말이다.

스마트폰 메모

02
책으로 발전하다

책이 어떻게 출간되는지 알고 있는가? 사실 나도 전혀 몰랐다. 기본적으로는 내가 쓰고 싶은 책에 관한 기획서를 여러 출판사에 보내 의사를 타진하면 채택이 되기도 하고 되지 않기도 한다.

기획서에는, 이 책이 시장에 받아들여질 수 있도록 시대적 배경을 고려한 콘셉트와 예상 독자가 있어야 한다. 또한 차례(소제목)가 기재되어야 한다.

다시 말해 편집자에게 이 책이 독자의 호응을 얻어서 잘 팔릴 것이라는 확신을 줄 수 있는지가 관건이다. 편집자는 기획서를 통해 내가 하고자 하는 말이 알기 쉽게 정리되어 있고 사람들의 흥미를 끌 수 있을 것인지를 판단한다.

스마트폰 메모가 없었더라면 이는 불가능했을 것이다. 스마트폰 메모가 내 생각을 정리하여 가치 있게 만들어 준다는 사실을 실감했다.

03
나를 가치화하는 수단이 되다

나는 대학을 졸업한 뒤 광고 대리점에 입사해 35년간 마케팅 부서(전략계획 부서라고도 한다)에서 일했다(지금은 내 회사를 경영하고 있다). 내가 한 일은 이른바 '기획'이었다.

직업상 원래 수첩이나 노트북에 업무 관련 메모를 기록하곤 했다. 아마 다른 사람들보다 훨씬 많은 메모를 남겼을 것이다. 그러나가 우연히 스마트폰을 보조 도구로 사용하게 되었으니 내 직업이 나와 스마트폰을 이어 주었다고도할 수 있다.

앞으로 이 세상은 스마트폰 메모를 기반으로 일해서 가치를 발현하는 방식으로 바뀌리라는 예감이 든다. 그러면 스마트폰 메모는 인간에게 어떤 영향을 미칠까?

하나는 머리가 좋아진다. 농담하지 말라고? 실제로 요즘 나는 대화를 하거나 업무상 자료를 정리하거나 기획서를 만드는 등 여러 방면에서 예전보다 훨씬 수월하게 대처하고 있음을 느낀다. 스마트폰 메모를 통해 생각이 정리되어, 뇌에서 꺼내 쓰기 쉬운 상태가 되었기 때문이다.

또 하나는 일상생활이 즐거워진다. 매일의 소소한 경험과 느낌을 의식하게 되고 그것을 메모로 남기는 행위가 즐거워지는 것이다. 그 이유가 뭘까 생각해 봤다. 다른 사람과 대화하면 막연했던 생각이 또렷해진다. 이와 마찬가지로 떠오르는 생각을 끌어내 하고 싶은 말로 엮어 내는 행위에 뇌가 희열을 느끼는 것이 아닐까?

스마트폰 메모로 머리가 좋아지고 생활에 활력이 생긴다고 했는데 실은 더 좋은 점이 있다. 바로 자신을 가치화하는 수단이 된다는 점이다. 이 세상은 빠르게 디지털 혁명이 전개되고 있다. 앞으로 IT 기술과 인공 지능의 발전으로 세상은 더욱 빠르게 변할 것이다. 그 세상을 어떻게 헤엄쳐 가야 할지 은근히 불안해진 적은 없는가?

변호사나 공인회계사와 같이 고도의 지식이 필요한 전문직까지 인공 지능으로 대체되는 상황이 되어도 인간밖에 할 수 없는 영역과 능력이 있다면 그것은 무엇일까? 여러 가지가 있겠지만 그중 하나가 발상력이다. 이는 이질적인 것과 이질적인 것을 조합해 새로운 가치를 창조하는 힘이라 할 수 있다. 그런데 스마트폰을 이용한 생각 메모로 이미 발상력을 키워 온 것이다.

04
인풋과 아웃풋의 균형이 잡히다

스마트폰 메모를 시작하면서 가장 크게 변한 것은 무엇일까? 바로 인풋과 아웃풋의 균형이다. 더 정확히 말하자면 인풋과 아웃풋의 중간 부분, 뇌가 생각한 것을 메모로 적어 두고 의식적으로 기억해 지혜를 창조하는 시간이 증가했다. 상대적으로 인풋 시간은 그만큼 감소했다.

인풋이 무엇일까? 예를 들어 TV와 신문, 웹사이트상의 뉴스 등을 통해 다양한 정보를 입수하는 행위가 이에 해당한다. 아웃풋은 대화를 하거나 업무상 필요한 자료를 작성하거나 프레젠테이션을 하는 것이다.

스마트폰 메모는 그 중간 지대의 핵심 부분을 맡는다. 마치 부채의 사북처럼 말이다. 다소 거창한 비유를 들자면, 생물은 생존을 위해 영양분을 흡수하고 소화해서 배출하는 사이클을 반복한다(그림 3). 이때 생각 메모라는 행위는 '소화'에 해당한다. 생각 메모는 어떤 것에 대한 느낌이나 생각을 문장으로 남기는 행위이기 때문이다. 즉 외부에서 들어온 정보를 뇌가 소화, 다시 말해 기억하고 지혜화하여 아웃풋하는 행위다. 뇌로 들어온 자극을 꼭꼭 씹어서 소화하고 영양분으로 만드는 것이다(그림 4).

그 결과 일상생활에서 인풋 시간은 줄고 소화 시간이 늘어난다. 인풋 시간이 확연히 줄어들었음을 어떻게 알 수 있을까?

일단 나는 TV를 거의 보지 않게 되었다. 원래 구독하던 경제신문 두 가지도 예전보다 덜 읽는다. 요즘에는 읽지 못한 분량이 꽤 늘어나 나중에 읽으려고 일단 쌓아 두었다가 양이 너무 많아져 결국 버리기도 한다.

남이 보기엔 아깝기 짝이 없는 행동이다. 왜 신문을 다 읽지 못하게 되었을까? 신문을 좀 읽다가 어떤 생각이 들면 '아, 이건 메모해야겠어.'라는 충동에 사로잡혀 스마트폰을 터치해 메모하기 때문이다. 결국 그만큼 신문을 읽는 시간이 메모하는 시간, 즉 소화 시간으로 전환된 것이다.

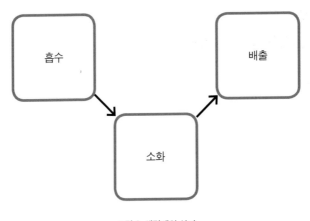

그림 3 생명체의 섭리

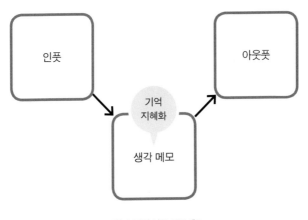

그림 4 뇌의 사고 프로세스

05
아웃풋의 질이 높아지다

읽지 않고 버리는 신문을 보면서 저 요긴한 정보들을 전부 집어넣지 못하다니 아까워서 어쩌나, 하고 생각하진 않는다. 그보다는 지금까지 인풋에 소요된 시간이 너무 길진 않았는지 되새긴다. 수동적으로 TV를 보는 것보다는 스마트폰 메모로 내 생각을 명확하게 정리하고 기록하는 행위가 훨씬 즐겁다.

일본의 한 저자는 앞으로 인풋이 아닌 아웃풋의 질량으로 가치를 발휘하는 시대가 될 것이라고 말하기도 했다. 동감이다. 아웃풋의 영역은 책, 블로그, SNS 등 무엇이든 좋다. 그리고 스마트폰 메모가 발사대 역할을 한다고 생각한다.

스마트폰 메모는 블로그나 SNS처럼 구체적인 상대를 염두에 두지는 않는다. 하지만 자신의 느낌과 생각을 자신이 알아볼 수 있도록 기록한다는 의미에서 스마트폰 메모는 아웃풋에 근접한 행위다.

뇌가 원한다

나아가 SNS에 올리는 내용의 질을 높여 주고 위력을 더해
준다. 이 책을 읽으면 당신도 머지않아 실감할 수 있을 것
이다. 방법이 어렵지 않아 인내심이 필요 없으니 뇌가 아웃
풋을 원하도록 쉽게 유도할 수 있기 때문이다.

━ 2장 ━

스마트폰 메모가
뭐지?

인간의 뇌는 플래시 메모리와 같다. 다시 말해 뇌는 매 순
간 정말 많은 것을 생각하지만 그 순간이 지나면 곧바로 잊
혀진다. 생각해 보면 정말 아까운 일이다. 이 찰나의 순간을
놓치지 않는 것이 스마트폰 메모의 취지 중 하나다.

01
잊지 않도록 도와주다

메모란 '잊어버리지 않도록 요점을 적어 놓는 것'을 말한다. 망각(忘)에 대비한(備) 기록(錄), 즉 비망록이다. 우리는 일주일 뒤에 열릴 중요한 미팅을 잊어버릴 경우에 대비해 수첩에 일정표를 적어 둔다. 이것이 메모다.

이 책에서 말하고자 하는 스마트폰 메모는 뇌가 생각한 것에 관한 비망록이다. 그게 뭐야? 이렇게 생각할 수도 있다. 그게 무엇인지 지금부터 차근차근 살펴보자.

인간의 뇌는 플래시 메모리이다. 그 전에 한마디. 왜 '비망', 즉 잊어버리는 것에 대비해야 할까? 조깅을 하거나 피트니스 클럽의 러닝머신 위를 달리며 이 생각 저 생각을 하다가

'아, 이건 좋은 생각인데? 적어 놓고 싶은데'라는 충동을 느낀 적이 있는가? 그러나 운동을 마쳤을 때는 그게 무엇이었는지 생각나지 않는다. 아니 기억하고 싶다고 생각한 것 자체를 잊어버린다.

그래서 인간의 뇌는 플래시 메모리와 같다. 다시 말해 뇌는 매 순간 정말 많은 것을 생각하지만 그 순간이 지나면 곧바로 잊혀진다. 생각해 보면 정말 아까운 일이다. 이 찰나의 순간을 놓치지 않는 것이 스마트폰 메모의 취지 중 하나다.

당신의 뇌는 매일 엄청난 생각을 한다. 원래 인간의 뇌는 24시간 고속회전 중이다. 예를 들어 편의점에서 물건을 산다고 하자. 지하철역 가까이 있는 곳이라 계산대 앞에 줄이 길게 늘어서 있다. 고개를 내밀어 계산대 쪽을 살펴봤더니 어떤 할머니가 지갑에서 동전을 꺼내느라 시간이 소요되고 있었다.

그때 당신은 '아, 할머니는 휴대전화 앱으로 계산하는 걸 모르실 수 있으니 할 수 없지. 하지만 할머니, 할아버지도 지하철역 개찰구에서는 교통카드를 사용하시잖아? 앞으

로 편의점도 그렇게 바뀌겠지? 지금도 젊은 사람들은 스마
트폰으로 계산하니까 말이야. 문제는 중장년층인데, 왜 그
렇게 현금으로 계산하는 걸 좋아할까? 차라리 현금 지급을
아예 없애고 편의점을 전면 캐시리스화 하면 될텐데….' 이
런 식으로 상상인지 망상인지 모를 생각들이 꼬리에 꼬리
를 문다.

인간은 매일 그렇게 망상을 하는 동물이다. 하지만 그런 망
상 중에는 기억해 두면 도움이 되는 깨달음이나 지혜가 상
당히 많다.

02
생각을 함께 보관하다

정리하자면 스마트폰 메모는 밤하늘의 별만큼이나 많이 떠올랐다가 사라지는 뇌의 생각을 글자로 기록하는 것이다. 이때 뇌가 생각한 것을 얼마나 순조롭게 꺼낼 수 있느냐가 관건이다.

메모에는 두 종류가 있다. 외부 정보를 기록하는 팩트 메모와 그 정보를 정리해 지혜를 창조하도록 돕는 생각 메모다. 이 책은 후자를 다룬다. 어떤 일을 '팩트 + 감상이나 의견'으로 문자화하는 것이다(그림 5).

SNS에서는 '좋아요' 버튼으로 자신의 의사를 표현한 다. 생각 메모는 그것에 덧붙여서 감상이나 의견을 메모하는 식이랄까. 뇌는 자신이 접하는 모든 일에 견해와 해석을 붙인다. 우리는 그것을 메모로 남기면 된다. 이것이 기본 패턴이다.

어떤 주제나 과제에 대해 해답 또는 해결책을 제시하는 메

그림 5 생각 메모의 기본 패턴

모도 있는데 이 역시 생각 메모의 중요 패턴이다(그림 6).
즉 주제가 있고 그에 대한 솔루션을 제안한다. 예를 들어
브레인스토밍 회의에서 종종 '이건 그냥 아이디어인데'라
고 말하며 생각난 것을 주저주저 말하는 경우를 생각하면
된다.

이런 경우는 먼저 어떤 주제가 있고 그것을 해결하는 아이
디어와 그 아이디어가 떠오른 이유를 한 덩어리로 메모한
다. 뇌의 생각을 받아 적는다는 느낌으로 하면 된다.

물론 주제나 과제가 주어질 뿐 그에 대한 명확한 해답이 없
는 경우도 있다. 하지만 그런 메모도 문제의식을 수면 위로
떠오르게 했다는 의미가 있다.

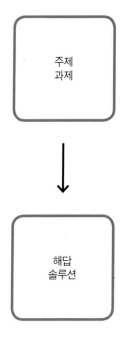

그림 6 생각 메모의 변형 패턴

03
최종 아웃풋의 발사대다

첫 직장이었던 광고 대리점의 직원들은 생각 메모를 좋아
했다. 광고를 업으로 하면 여러 기업을 상대하게 되는데,
그러면 자연스럽게 각 업계에 관해 파악하고 시사 문제에
도 관심을 두게 된다. 한 나라뿐 아니라 국제 사회의 문제
도 빼놓지 않고 확인해야 한다. 또 거래처에 제안서를 제출
하거나 프레젠테이션을 해야 하므로 주어진 정보를 정리하
고 다듬기 위해 생각 메모나 노트를 적는 일이 많다.

일하면서 나는 생각을 정리해 인상적인 메모나 노트를 적
는 데 어떤 패턴이 있다는 것을 알았다. 대략 문자화, 그루
핑, 이름표 붙이기, 화살표 표기, 강조(밑줄이나 형광펜 표기),
그리고 도식화·구상화라는 패턴이 보인다.

나는 이 책의 골격을 생각 메모로 적어 보기로 했다(그림 7).
책의 구조를 알기 쉽게 나타내기 위해 틀을 그려 넣기도 하
고 화살표와 형광펜을 사용하며 메모의 패턴을 충분히 이
용하고 있다.

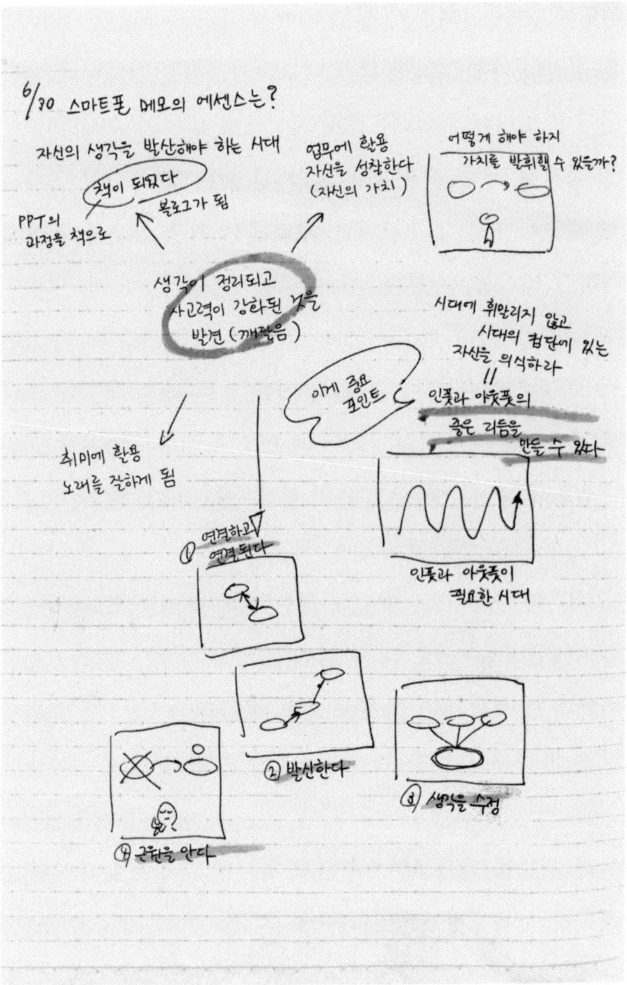
6/30 스마트폰 메모의 에센스는?
자신의 생각을 발산해야 하는 시대
책이 되었다
블로그가 됨
PPT의 과정을 책으로
업무에 활용
자신을 성찰한다
(자신의 가치)
어떻게 해야 하지
가치를 발휘할 수 있을까?
생각이 정리되고
사고력이 강화된 것을
발견 (깨달음)
시대에 휘말리지 않고
시대의 첨단에 있는
자신을 의식하라
이게 중요 포인트
인풋과 아웃풋의
좋은 리듬을
만들 수 있다
취미에 활용
노래를 잘하게 됨
① 연결하고 연결된다
인풋과 아웃풋이
필요한 시대
② 발신한다
③ 생각을 수정
④ 근원을 안다

그림 7 이 책의 골격

이렇게 쓰면 이해하기 쉽고 뇌에서 생각한 내용을 받아 적은 것이나 다름없어서 생각 메모라기보다는 설계서나 제안서의 밑그림에 가깝다. 틀과 화살표로 내용의 순서와 구성을 정리해 '무엇을 어떻게 말할 것인가', '왜냐하면 어떠하기 때문이다'를 압축했다는 의미에서 최종 아웃풋의 발사대라고 해석할 수 있다.

스마트폰 메모를 하는 습관을 들이면 이 최종 메모나 노트를 술술 적을 수 있다. 생각 메모가 차곡차곡 쌓이면 최종 아웃풋에 대한 준비를 충분히 할 수 있기 때문이다.

3장에서는 스마트폰 메모를 적는 법에 대해 더 구체적으로 살펴보겠다. 그리고 다시 읽기(반추)의 중요성과 활용법을 이해하고 체화하면 다양한 과제에 대비한 '나만의 백과사전'을 만들 수 있다는 것을 알아보도록 할 것이다.

생각 메모를 만들 때는 주어진 정보를 문장으로 나타내고 해석하는 과정이 필요하다. 내 생각을 얼마나 명료하게 글로 표현할 수 있는가가 생각 메모에서 가장 중요한 점이다.

04
정보와 생각을 조율하다

일상생활에서 겪는 소소한 일을 스마트폰 메모장에 적다 보면 어느새 상당한 양이 저장된다. 그것을 다시 읽어 보자. 그러면 전혀 다른 분야의 메모와 연계할 만한 생각이 떠오르기도 하고 한동안 잊고 있었던 일이 지금 어떤 상황인지 확인할 필요를 느낀다.

뇌가 새롭게 자극을 받는 것이다. 원래는 단편적인 생각이었던 것들이 '연속으로 이어지는 감각', 또는 뇌 속에 조각조각 존재하던 것들이 관련성을 띠고 '사슬처럼 연결되는 감각'을 받는다. 이것이 내가 스마트폰 메모를 할 때 느끼는 감각이다. 그리고 '세상을 잡으러 가고 싶다는 욕구'가 싹트는 감각이다.

앞에서 말했듯이 신문을 읽다가 '아, 이건 메모하고 싶다.'라는 욕구가 솟아나 나도 모르게 스마트폰으로 메모를 한다. 그러면 자연스럽게 신문을 읽는 양이나 시간은 줄어들지만 그것이 정보 입수를 중지했다는 의미는 아니다.

종종 도서관에서 신문을 처음부터 끝까지 샅샅이 읽는 사람이 보인다. 이것은 얼핏 정보를 입수하는 것처럼 보이지만 실제로는 정보를 내 것으로 만들지 못한다. 자신이 가진 문제의식과 신문의 내용을 조율하는 과정이 없기 때문이다. 스마트폰 메모는 정보를 발췌하여 글자로 명기하는 과정에서 자신의 생각과 그 정보를 조율한다. 이 인풋과 아웃풋의 경계에서 뇌가 활성화된다.

05
나와 세상을 연결하다

당신은 아직 젊을 것이다. 그러니 회사를 정년퇴직한 뒤, 어떤 세상이 당신을 기다리고 있을지 상상하지 못할 것이다. 정년퇴직 후의 삶의 형태는 지금 과도기에 있다.

과거에는 정년퇴직 후 '남은 생'을 연금을 받으며 얼마나 현명하게 살 것인지가 주된 화두였다. 그러나 지금은 100세 시대다. 정년퇴직 후의 삶이 40년 가까이 남아 있다는 말이다.

한때 일본에서는 정년퇴직을 한 남자가 할 일이 없어서 옷에 붙은 젖은 낙엽처럼 아내 뒤꽁무니를 따라다닌다는 의미에서 '젖은 낙엽'이라는 용어가 유행한 적이 있었다. 또 밖에 나가고 싶어도 지역 커뮤니티에 속하지 못하고 개인적으로 만날 친구도 딱히 없어서 외출하지 못하는 사례도 곳곳에 보였다.

지금은 어떨까? 나도 어느새 정년을 맞이해 샐러리맨을 그만둔 지 3년이 지났다. 지도도 나침반도 없이 망망대해를 항해하는 돛단배 같은 느낌일까? 아니, 절대로 그렇지 않다. 내 주변을 보면 사람이 사는 방식은 천차만별이라는 말을 새삼 느낀다.

나는 창업이라는 선택을 했다. 3년이 지난 뒤, 그 과정을 되돌아보면 첫해에는 다니던 회사와의 계약도 있어서 그냥저냥 입에 풀칠은 했다. 그러나 2년째에 계약이 만료되고 내 회사는 점점 침몰해 갔다. 3년째에야 겨우 바다에서 항해할 수 있게 되었다. 마치 롤러코스터를 타고 있는 느낌이다.

나를 비롯한 많은 사람이 한 회사에 오랫동안 소속되어 매월 따박따박 일정한 월급을 받으며 살았을 것이다. 그러다가 회사를 나오면 그야말로 '맨땅에 헤딩'하는 상황과 대면한다. 어떻게 살아가야 할지 누구나 당연히 곤혹스러워 할 것이다. 이때 자칫하면 사회와의 연이 끊겨 본래 일과 자연스럽게 멀어지기도 한다.

그러나 지금 내 상황을 객관적으로 봐도, 최소한 내 전문

영역에서만큼은 현역 세대와 비교해도 손색이 없다. 오히려 이제까지 쌓아 온 풍부한 경험과 지식을 충분히 살리고 있다.

이 또한 스마트폰 메모 덕분이다. 스마트폰 메모라는 습관에 의해 매일 세상에서 일어나는 일을 업데이트하기 때문이다. 인풋과 아웃풋 사이에 생각 메모라는 프로세스만 끼워 넣은 것뿐인데도 이렇게 뇌가 활성화된다.

06
문장을 만드는 연습장이다

스마트폰 메모를 습관화하면 문장 전달력이 강화된다. 그 순간에 보고 느낀 점을 하나하나 문장으로 기록하면서 적절한 단어와 어휘를 고민하게 되기 때문이다. 이 과정을 반복하면 자연스럽게 글을 잘 쓰게 된다.

그리고 다른 사람이 이해하기 쉽도록 의식하며 쓰게 된다. 메모를 다시 읽는데 내가 봐도 무슨 뜻인지 모르겠다면 이게 무슨 뜻이었는지 곱씹으며 수정한다. 그러다 보면 자연스럽게 이해하기 쉬운 문장으로 개선된다.

초중고 시절을 통틀어 나는 국어를 그리 잘하지 못했지만 스마트폰 메모를 하면서 글의 의미를 정확하게 기록하고 싶어져 글자 하나 말 한마디에 정성을 기울이게 되었다. 당신은 학생 시절에 작문을 잘 했는가? 그렇지 않았다면 지금이야말로 스마트폰 메모를 통해 작문 실력을 늘릴 기회다. 스마트폰은 이미 떼려야 뗄 수 없는 당신의 친구가 되어 있을 테니 말이다.

07
언제든 불러낼 수 있는 저장고다

책을 집필하면서 지금의 나와 스마트폰 메모를 하지 않았던 시절의 나는 무엇이 다른지 진지하게 생각해 봤다. 인간의 뇌는 한 번 생각한 것을 대부분 잊어버리는 것으로 여기지만 실은 그렇지 않다. 그 생각은 뇌의 깊은 곳에 저장된다. 다만 필요할 때 쉽게 나오지 않으므로 잊어버렸거나 도움이 되지 않는다고 여기는 것이다.

그런데 문자라는 형태로 스마트폰에 저장해 놓으면 필요할 때 언제든지 찾아볼 수 있고 뇌의 저편에 잠들어 있던 것을 다시 불러낼 수도 있다. 또 그 메모를 이용해 지혜를 확장할 수 있다.

스마트폰 메모로 뇌의 저변에 있던 생각을 최대한 뇌의 표면으로 끌어내어 다양한 사안에 활용할 수 있다. 그것은 뇌의 잠재력을 끌어내는 행위이기도 하다. 그야말로 답은 당신의 뇌에 있다.

3장

어떻게 하는 거야?
스마트폰 메모

그러면 이제부터 스마트폰 메모를 어떻게 하는지 알아보자.
스마트폰 메모는 3단계로 구성된다.
1단계 메모하기 ▶ **2단계** 다시 읽기 ▶ **3단계** 전체 메모 보기
이것이 전부다.

01
'적당히 대충'하면 된다

당신은 거의 언제나 스마트폰을 가지고 다닐 것이다. 화장실에서도 모임에 나가서도 거실에 있을 때도. 스마트폰 메모를 하기에 대단히 좋은 환경이다. 언제든지 생각나는 즉시 메모할 수 있는 환경이 이미 갖추어져 있다. 그러니 언제 어디서나 메모하면 된다.

게다가 '적당히 대충' 하면 된다. 전혀 번거롭지 않다. "아니, 무엇을 메모할지 계속 의식해야 하는 게 아니고요?" 이렇게 생각하는 사람도 있을 것이다. 맞는 말이다. 하지만 습관이 되면 메모하는 행위가 번거롭지 않고 즐거워진다.

나도 같은 경험을 했다. 이유가 무엇인지 생각해 봤는데 메모는 '자신의 생각을 발신하는 행위'기 때문이 아닐까. 메모 역시 SNS에 글을 올리는 것과 같은 발산 효과가 있다. 그래서 어딘지 모르게 '속이 시원해진다'는 것을 깨달았다.

좀 거창하지만, 마음의 건강은 인풋과 아웃풋의 균형이 잡혀야 유지된다. 예를 들어 인풋만 있고 아웃풋이 없으면 쌓이기만 한다. 적당히 대충하는 메모 역시 아웃풋에 속한다. 게다가 순전히 자신을 위한 아웃풋이다. 그래서 '적당히 내충'이어도 상관없다.

초등학교 시절, 나는 여름방학 일기 숙제가 정말 싫었다. 매일 쓰려고 할수록 생각나지 않아 일기를 미루곤 했다. 그러다가 개학 전날이 되어서야 발등의 불 끄기 식으로 후다다닥 몰아서 대충 썼다. '이럴 줄 알았으면 아예 계획하지 말 걸'이라는 후회를 방학마다 했다. 그래서 스마트폰 메모는 되도록 의무감을 느끼지 말자고 생각했다.

사람이란 청개구리 같은 존재다. 그렇게 생각하자 뭔가 생각이 날 때면 당장 메모해야겠다는 욕구가 생기면서 가벼운 마음으로 내 생각을 입력할 수 있었다. 물론 언제나 내

곁에 스마트폰이 있었기에 가능한 일이다.

무엇이든 '해야 할 일'로 생각하면 전혀 즐겁지 않다. 평소 경제는 전혀 관심 없던 사람은 취업 활동을 하면서 "아, 경제신문 좀 읽어야 하는데."라고 말하면서도 좀처럼 찾아보지 않는다. 반면 장기를 좋아하는 사람은 TV에서 장기 중계를 몇 시에 하는지 확인해서 찾아본다. 의무가 아니기 때문이다.

인풋은 불규칙적이다. 뇌에서 그 정보를 꺼내는 작업인 메모도 적당히 대충하면 된다. 그것이 인간의 특성에 적합하다. 그러면 스마트폰 메모를 하는 방법을 살펴보자.

02
1단계: 메모하다

가장 처음에 할 일은 당연히 메모다. 하지만 그 전에 메모
를 수납할 장소를 분류해야 한다. 보통은 '일, 취미, 자원봉
사, 가정'과 같은 식으로 대분류 항목을 정하는데, '투자'건
'부동산'이건 뭐든지 괜찮다(그림 8).

그림 8 나의 메모 분류

대분류를 '일'로 하면 여러 개의 소분류로 다시 쪼개는 것이 좋다. 나는 업무나 지식의 영역별로 '마케팅', '출판' 등으로 나누거나, 담당 거래처별로 '인도 T자동차', 'A서점', 'K시(市)'라고 나눈다.

정확한 분류와 일관성에 너무 집착하지 말자. 정보량이 많아질수록 다시 보기 힘들어지므로 나중에 꺼내 쓰기 쉽게 만드는 것이 목적이다. 분류 설정을 한 다음에는 평소 생각하는 것을 '적당히 대충' 메모하면 된다. 일단은 메모량을 늘리는 일에 중점을 두자.

무엇을 메모하면 될까

팩트(뉴스)를 메모할 것인가, 생각한 것을 메모할 것인가, 아니면 양쪽 다 메모할 것인가. 정답은 '전부 OK'다. 예를 들어 팩트만 메모한다 해도 무언가 느꼈기 때문에 메모하는 것이다. 그러므로 팩트만 메모하는 것도 충분히 의미 있는 일이다.

팩트를 메모할 때는 당신이 어떻게 생각했는지도 가능한

함께 기록하자. 점차 당신의 뇌가 무엇을 생각하는지 보일 것이다. 물론 처음에는 요령이 없기 때문에 시행착오를 겪을 것이다. 하지만 메모 경험이 늘어날수록 나름의 스타일이 형성된다. 그때 중요한 것은 '내 의견을 쓰자'라고 의식하기보다는 그때그때 떠오르는 생각을 편하게 뇌에서 끌어내는 것이다.

어떤 기사를 읽을 때는 분명히 무언가 느낀 점이 있을 것이다. 가장 단순한 감상은 어떤 기사나 사물에 대해 '좋다/나쁘다'라는 감정이다. 그렇지만 SNS에서 하듯이 '좋아요!'만 덧붙여서는 무엇이 좋은지 전달되지 않는다. 그렇게 느낀 데에는 '~여서 좋아' 또는 '~여서 싫어'라는 이유가 있을 것이다. 이 '~여서'라는 부분을 의식하자.

어떤 두 사람의 대화를 듣고 직감적으로 '좋은데!'라고 생각해서 기록한 것도 있다(그림 9). 좋다고 느낀 데에는 이유가 있겠지만 그것까지 쓰지 않아도 메모를 나중에 다시 읽었을 때, 그 당시 뇌가 어떻게 느꼈는지 생각난다면 그것도 괜찮다. 메모하기에 익숙해지면 '나는 이렇게 생각한다'는 그 '생각'을 기록하자(그림 10).

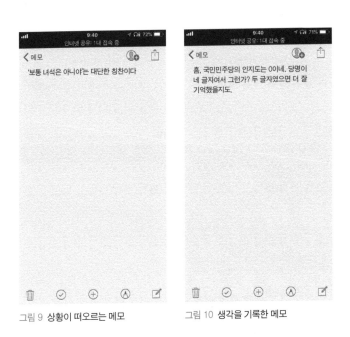

그림 9 상황이 떠오르는 메모   그림 10 생각을 기록한 메모

어디에 메모하면 될까

메모를 수납하는 장소, 즉 이용하는 메모 수단은 나의 경우 스마트폰에 있는 기본 메모 앱(그림 11 ❶-❹)이다. 대부분의 스마트폰은 클라우드와 동기화되므로 용량이 부족할까 봐 걱정할 필요가 없다.

내 메모는 총 3,000개 이상이지만 실제로 사용하는 용량은

그림 11 내가 이용하는 스마트폰의 기본 메모 앱

스마트폰 메모

1GB가 되지 않는다. 용량이 큰 이미지를 첨부해도 당분간 은 걱정 없다는 말이다.

메모 앱에 들어가면(❶) 폴더 목록이 나타난다(❷). 가장 상 단에 있는 'iCloud의 모든 메모'를 터치하면 메모 목록이 나타나는데(❸) 오른쪽 하단에 새 메모를 만들 수 있는 아 이콘이 있다. 아이콘을 눌러 나오는 새로운 화면(❹)에 쓰

❸

❹

고 싶은 내용을 입력하면 된다. 내가 입력한 메모는 자동으로 클라우드에 저장된다. 메모를 다른 폴더에 분류하고 싶다면 메모 목록 화면(❸)에서 오른쪽 상단에 있는 '편집'이라는 글자를 터치해 옮기고자 하는 메모를 원하는 폴더로 보낼 수 있다.

음성 입력도 활용한다

이미 많은 사람이 음성 입력이라는 편리한 기능을 알고 있을 것이다. 나는 아직 스마트폰 메모를 할 때 음성 입력을 자유롭게 활용하지는 못한다. 가끔 사용하긴 하지만 음성 입력을 하기에 적합한 환경이 아닐 때가 많다.

사무실이나 자동차에 있을 때 다른 사람이 보고 있는데 스마트폰을 향해 혼자 중얼거리는 모습이 아직 어딘지 민망하다. 또 음성 입력은 종종 엉뚱한 의미로 인식되는 경우도 있는데 그것을 수정하는 것도 귀찮다.

그러나 집에서, 특히 목욕탕 욕조, 즉 사람이 없는 공간에서의 음성 입력은 굉장히 편리하다. 머리에 떠오른 생각은 필기보다 말로 하는 편이 훨씬 빠르기 때문이다.

정말 좋은 시대다. 앞으로는 음성 인식 오류도 점점 줄어들 것이니 다른 사람 앞에서 말을 해도 쑥스럽지 않은 환경만 조성되면 음성 입력은 강력한 아군으로 떠오를 것이다.

언제 아이디어가 떠오를까

'아, 이건 메모해 둬야겠는데'라는 충동은 언제 생길까? 기업의 사장 등 영향력이 있는 사람을 인터뷰한 기사나 방송을 보면 아침 산책을 하다가 아이디어가 떠올랐다는 경우가 종종 눈에 띈다.

내 경험으로는 아침에 샤워할 때가 많았고 길을 걷거나 지하철을 타고 이동할 때도 참신한 생각이 떠오른다. 즉 업무 외 시간이 대부분이다. 그들도 나와 비슷하게 업무 외의 시간에 생각이 나는 모양이다. 우리의 뇌는 참으로 변덕스러워서 그 명제에 관해 낑낑거리며 고민할 때가 아니라 오히려 아무것도 생각하지 않아도 될 때 참신한 아이디어가 툭 튀어나온다.

그렇다면 그렇게 툭 튀어나온 발상을 메모하는 최고의 도구는 스마트폰이 아닐까? 하루 종일 갖고 다니면서 만지작거리는 게 스마트폰이니 말이다. 노트에 적으려면 그때마다 가방에서 노트를 꺼내야 하고 욕조에서 기록하기는 더더욱 힘들다.

길을 걸으면서, 친구와 놀면서, 회식하면서. 무언가 머리에 떠오르면 일단 메모부터 하는 습관을 기르자. 신문을 읽고 있는데 어떤 생각이 머릿속을 휙 지나간다면 읽기를 곧바로 중단하고 스마트폰 메모에 그 생각을 적어서 붙들어 놓자.

처음에는 생각이 중구난방으로 떠올라 그것을 문자화하느라 애를 먹을 것이다. 하지만 그 과정이 재미있다. 점차 내 생각이 무엇인지 명료해지면서 감각에 불과했던 것이 문자라는 형태로 그 모습을 드러내기 때문이다.

감정을 곁들여 쓴다

나는 내가 적는 메모가 사람들이 흔히 생각하는 메모와 약간 다르다는 것을 알아차렸다. '그렇구나', '잘 생각해 보니',

'~하네', '~할 듯' 등 나의 감정을 곁들여 쓴다는 점이다(그림 12). 또 내 느낌과 생각에 대해 '발견'이나 '좋은 아이디어야'라는 표현을 잘 쓴다는 점도 그렇다(그림 13).

이렇게 메모는 구어체로 쓰는 것이 중요하다는 것을 깨달았다. 마음에 걸리는 점이 있어서 메모할 때도 '어떻게 마음에 걸리는지'를 의식하며 기록한다.

그림 12 깨달음을 기록한 메모

그림 13 좋은 아이디어를 기록한 메모

2단계: 다시 읽다

앞에서 말했듯이 사람은 자신이 무슨 생각을 했는지 금방 잊어버리고 나중에 똑같은 생각을 다시 하는 동물이다. 이것이 일이나 업무에 관련된 내용이라면 이는 시간과 품을 낭비하는 것이다.

종이에 기록하는 행위가 망각을 방지해 준다는 것을 알면서도 우리는 회의에서 합의한 사항을 곧바로 적지 않고 미뤘다가 같은 일을 반복하며 여전히 시간과 품을 낭비한다.

여러 사람이 모여서 하는 회의 시간에는 회의록을 기록하는 담당자를 정하는 등 대처하는 방법이 있긴 하다. 문제는 개인이다. 어지간히 중요한 안건이나 의식적으로 외우지 않은 일은 대개 잊어버린다. 한편으로 '이 자료는 중요하니까 버리지 말고 놔 두자, 또는 이건 잊어버리면 안 되니까 적어 놓자.' 이렇게 어떤 흔적을 꼬박꼬박 남기는 사람도 있다. 그런데 그 기록을 다시 읽지 않는 경우가 의외로 많다.

일단 메모의 존재를 잊어버리면 결국은 평생 다시 읽지 않는다. 그 예가 신문 스크랩이다. 대개는 다시 읽어 보지 않아 방구석에서 먼지를 뒤집어쓰는 신세가 된다. 나도 여러 번 그런 경험을 했다. 원래 인간이란 그런 것이다.

그런데 스마트폰의 등장으로 상황이 바뀌었다. 항상 내 옆에 있는 물건이 존재했던가? 우리는 집에 들어가면 지갑이건 열쇠건 아무리 귀중한 물건이라도 어느 한 곳에 둔다. 그러나 스마트폰만은 항상 자신의 옆에 둔다. 즉 스마트폰은 인류 역사상 최초의 '한시도 떼 놓지 않는 물건'이다. 그러므로 '곧바로 메모', '언제든 다시 읽기'가 스마트폰의 가장 큰 이점이다.

내 생각을 기록한 메모를 다시 읽는 것만으로도 여러 가지 일의 효율이 향상된다. 스마트폰은 언제나 우리 곁에 있기에 '어, 그게 뭐였더라?'거나 '아, 이거 예전에 메모했던 것 같은데'와 같은 생각이 들 때, 곧바로 확인할 수 있다. 이전 세대는 불가능했던, 대단히 중요한 변화다.

다시 읽는 습관을 들인다

메모가 어느 정도 쌓이면 시간이 날 때 다시 읽어 보자. 매일 그렇게 하는 것이 좋다. 그런데 이 '다시 읽는' 행위는 생각보다 힘들다.

당신의 스마트폰에도 여러 가지 앱이 깔려 있겠지만 즐겨 쓰는 것은 정해져 있을 것이다. 재미있거나 편리해 보여서 이것저것 다운로드했는데 막상 사용해 보니 매일 쓸 만한 정보가 없기 때문이다. 스마트폰 메모도 일단 스마트폰에 저장해 놨으니 매일 볼 필요는 없다고 생각할 수도 있다. 그러나 여러 번 다시 읽기를 해야 뇌가 활성화될 확률이 커진다.

당신의 뇌는 매일 새로운 과제에 직면하고 그것을 생각한다. 인간의 뇌는 최근의 화제나 과제에 집중한다는 말이다. 적어 둔 생각 메모를 다시 읽다 보면 새로운 과제에 도움이 될 수도 있다. 과거의 메모를 다시 읽는 것은 그 당시의 생각을 현재 당면한 문제의식과 대조하는 행위이기도 하기 때문이다.

다시 읽은 메모에 ○ 표시를 하거나 ☆ 표시를 하는 것도 좋은 방법이다. 사람들은 좋아하는 음악을 듣고 또 듣는다. 그런 식으로 메모도 다시 읽어 보자. 적응이 되면 그 시간이 즐거워진다. 침대에 누워서도 좋다. 편안한 자세로 틈날 때마다 지난 메모를 읽어 보자.

수정하며 읽는다

과거의 메모를 다시 읽어 보면 '음, 이게 이런 의미였었나?', '이건 내가 하고 싶은 말이 잘 표현되지 못했네'라고 고개를 갸웃할 때가 있기 마련이다. 그럴 때는 그냥 넘어가지 말고 곧바로 수정하자. 이것은 자신의 느낌과 깨달은 바를 정확하게 표현하는 훈련이 된다.

수정한 문장을 꼼꼼히 뜯어보면 머리가 좋아지는 느낌이 든다. 이런 기분이 무슨 소용이 있는지 의아할 수도 있다. 그러나 이런 기분은 중요하다. 적어도 문장을 수정하는 행위가 당신의 문장력을 향상시키는 것은 분명하다.

다시 읽기가 즐거워진다

메모를 다시 읽는 습관이 들면 그 일이 점차 즐거워질 것이다. 자성(自省)의 시간은 의외로 즐겁다. 타인에게 휘둘리거나 방해받지 않기 때문이다. 나의 경우 과거의 메모를 보는 것이 삶의 즐거움 중 하나가 되었다.

왜 자신의 메모를 보는 것이 즐거울까? 그 이유를 곰곰이 생각해 봤다. 생각 메모는 '나만의 생각 앨범'이기도 하기 때문이 아닐까. '아, 그때 이렇게 생각했었구나', '내가 의외로 이것저것 많이 생각하네?'라는 식으로 당시의 자신을 떠올리며 흐뭇해하거나 스스로를 칭찬할 수도 있기 때문이다. 이는 아마 인간의 자기 승인 욕구에 부합하는 행위가 아닐까.

당면한 업무에도 활용한다

다시 읽기가 즐거워지면 이제 얘기는 끝이다. 당면하는 과제나 업무에 활용할 수 있는 내용이 반드시 등장할 것이다. 분야가 달라도 추상화하면 같은 방법으로 적용할 수 있는 것이 많기 때문이다.

스마트폰 메모

인간은 최근 일에 몰입하는 경향이 있으므로 같은 분류로 뇌에 저장해 놓은 일도 곧바로 떠올리기는 쉽지 않다. 그때 과거의 메모를 다시 읽는 것이 효과를 발휘한다. '아, 이 생각은 지금 이 일에 그대로 써먹을 수 있겠어.' 이렇게 발견하는 순간이 찾아올 것이다.

04
3단계: 전체를 보다

마지막 단계는 '전체 보기'다. 스마트폰 메모에도 약점이 있는데 한꺼번에 전체를 볼 수 없다는 것이다. 이것은 컴퓨터나 전자책에도 해당하는 디지털 기기의 공통된 약점이다.

예를 들어 종이 신문이라면 신문을 펼쳐 '어디서부터 읽을까, 또는 아까 그 기사는 여기 있었는데?' 하면서 찾을 수 있다. 그러나 모바일은 화면 크기가 한정되어 있다. 더구나 스마트폰은 화면이 작아서 전체를 볼 수 없고 신문처럼 펼쳐서 읽을 수도 없다.

그런데 전체를 살펴보는 방식은 생각을 업그레이드하는 데 무척 중요하다. 소소한 메모들이 어떤 부분에서 이어지거나 하나가 되어 새로운 것을 깨달을 수 있기 때문이다. 쌓인 메모를 전체적으로 보는 것은 당신의 뇌를 더욱 활성화하는 중요한 행위다.

종이 노트도 사용한다

스마트폰 메모를 권하는 나도 종이 노트를 쓰고 있다. 예를 들어 거래처의 오리엔테이션을 들을 때나 회의를 할 때, 또는 그림을 그리고 싶을 때나 간단한 정리를 하고 싶을 때는 종이 노트가 좋다.

나는 손가락으로 입력하는 과정에서 가끔 스마트폰의 한계를 느낀다. 미묘하게 번거롭다. 당신도 SNS에 글을 올리다가 느낀 적이 있을 것이다. 그럴 때 다른 사람은 못 읽어도 나만 읽을 수 있으면 되는, '적당히 대충' 쓸 만한 종이 노트가 참 요긴하다.

또 간단한 그림이나 화살표를 사용해서 구조화할 때도 종이 노트가 더 편하다. 아무리 스마트폰에 펜으로 입력할 수 있다고 해도 단단한 화면에 동그라미나 곡선을 입력할 때는 어딘지 좀 불편하다. 그에 비해 종이 노트에는 특유의 '맛깔나는' 글씨를 쓰거나 그림을 그릴 수 있다.

디지털 기기는 이렇게 여전히 불편한 점이 있긴 하지만 이 것은 기술 향상으로 점차 해결될 것이다. 손으로 하는 작업이 스마트폰 하나로 전부 처리되고 전산화되면 대단히 편리할 것이다. 빨리 그날이 오기를 기다린다.

인쇄해서 본다

전체를 살펴보라고 했지만, 그렇다고 모든 메모를 다 보라는 것은 아니다. 예를 들어 특정 주제에 관해 메모가 꽤 많이 쌓여 있는 경우 그 메모들을 전체적으로 살펴본다거나, 어떤 주제에 관해 슬슬 정리할 때가 되었으니 그와 관련된 메모들을 전체적으로 살펴보는 식이면 충분하다.

제일 간단한 방법은 해당 메모들을 복사해 한 곳에 모아 출력해서 보는 것이다. 나는 클라우드를 통해 메모를 일단 컴퓨터에 옮긴 후 파워포인트에 붙여 A3용지로 출력해서 본다. 이때 주제와 명확하게 관련이 없는 메모는 제외한다.

내 취미인 합창이나 노래를 잘 부르는 방법에 관한 메모의 일부를 복사해서 붙인 예를 살펴보자(그림 14). 부끄럽지만 정말 사소한 것까지 메모했다. 내용을 읽어 보면 알겠지만, 좋은 목소리를 내기 위해 고군분투하는 모습이 생생하게 기록되어 있다.

이것을 들여다보면 어딘가 비슷한 점에 흥미와 느낌(깨달음)이 집중되어 있음을 알 수 있다. 나의 경우, 목소리가 멀리까지 울려 퍼지지 않는다는 콤플렉스가 있고 그것을 해결하기 위해 '울림이 있는 목소리가 되려면 어떻게 해야 하는가'에 관한 메모가 많다.

그림 14 합창, 노래를 잘 부르는 방법에 관한 메모의 일부

- ✅ 목소리가 나오지 않을 때는 배에 힘을 주고 스타카토 연습.

- ✅ 체중을 발 전체에 실을 것(까치발을 하지 않는다). 자세를 유지(벽에 딱 붙인다)하는 게 중요하네.

- ✅ 한 소절을 한 호흡으로 끝까지 부를 수 있게 훈련한다. 그렇구나. 그렇게 하면 아무리 높은 음이라도 부를 수 있겠네. 이걸 이제야 알았다니! 나는 호흡에 문제가 있다고만 생각했는데.

- ✅ 전반부에는 잘 나가다가 후반부가 되면 목이 쉬는 건 왜지?

- ✅ 믹스보이스로 음표를 하나하나 의식해서 부르면 소리가 오르락내리락하지 않네. 절대음감 비슷하게.

> 계속

- 고음을 낼 때는 저 멀리 높은 곳을 상상하면서 부르는 게 좋을까나. 지금 생각났어.

- 가성이나 믹스보이스로 부를 때 복식 호흡을 하면서 음량을 조절하며 부르는 훈련이 꽤 쓸모 있을지도.

- 아랫입술을 약간 내밀어서 발성하면 잘 울려 퍼지지 않을까?

- 한 소절 한 소절 주의해서 정확한 음정으로 노래하는 것도 중요.

- 연습한 뒤에 항상 생각하는데, 처음에는 적당한 음량으로 하모니를 중시하며 부르려고 하지만 점점 억지로 크게 부르고 만다. 결과적으로 머리 뒤에서 소리를 낸다는 의식이 없어져 소리가 제대로 나지 않고 그러면서 더 크게 지르려고만 하네. 이 악순환을 어쩌지?

- 요는 공기의 흐름을 체크하는 게 좋을지도 몰라.

- 피아니시모에도 제대로 소리를 내야 한다. 나한테 피아노는 메조 포르테 같은 느낌.

- 하루 종일 노래 부르지 않다가 밤에 노래하고 싶어서 부르면 1분 정도는 굉장히 깨끗한 소리가 나는데 이건 왜지? 지금이라면 잘 부를 수 있다고 성대가 말하는 것 같다니까. 묘한 자신감이 솟는다.

친화도 분석 기법을 활용한다

일본에서는 지금도 신입사원 연수를 할 때 친화도 분석 기법이라는 방법을 사용한다. KJ법이라고도 하는데 이 방법을 창안한 문화인류학자 카와기타 지로 교수의 머리글자를 딴 것이다.

친화도 분석 기법은 어떤 하나의 주제에 관해 존재하는 모든 사물이나 생각을 분류하여 집약, 정리하는 방법이다. 어떤 주제든 활용할 수 있고 머릿속을 정리하거나 어떤 제안을 할 때 유용하다. 친화도 분석 기법을 그림으로 나타내면 크게 네 가지다(그림 15 ❶-❹).

먼저 모든 직원을 몇 그룹으로 나눈다. 그리고 주어진 주제와 관련된 사물이나 생각을 브레인스토밍하여 카드에 각각 적는다. 다음으로 카드를 책상에 늘어놓고 비슷한 내용끼리 분류한다. 그러고 나서 분류한 것들을 묶고 대표할 수 있는 이름표를 붙인다. 마지막으로, 주어졌던 주제에 관해 어떤 스토리를 만들 것인지 정하고 분류한 그룹과 그 안의 카드들을 관련짓는다. 그리고 설명을 듣는 사람이 알기 쉽도록 정리하여 프레젠테이션 한다.

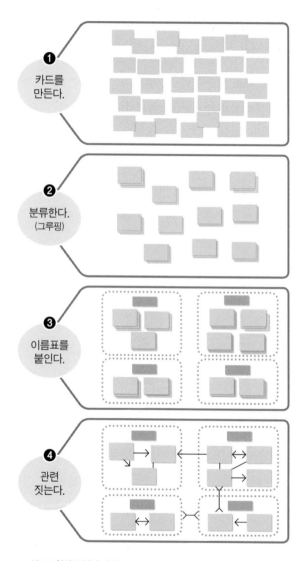

❶ 카드를 만든다.

❷ 분류한다. (그루핑)

❸ 이름표를 붙인다.

❹ 관련 짓는다.

그림 15 **친화도 분석 기법**

친화도 분석 기법의 장점은 정답이 없다는 것이다. 어떤 사물이나 견해에 관해 그룹별, 개인별로 다른 해석을 할 수 있고 그것을 받아들이며 진행한다. 자연스럽게 다양한 각도와 관점에서 제안할 수 있다. 또 자신의 생각에 근거해 풀어나가기 때문에 누구나 편안한 마음으로 할 수 있다.

왜 난데없이 친화도 분석 기법을 소개했을까? 스마트폰 메모를 정리할 때 도움이 되기 때문이다.

친화도 분석 기법을 응용한다

내 메모를 예로 들어 친화도 분석 기법의 간이 버전으로 새로운 발견을 한 사례를 살펴보겠다. 간이 버전은 친화도 분석 기법을 엄격하게 따르지 않고 내 나름대로 정리하기 쉽게 변형한 방식이다.

앞에서 말한 합창에 관한 메모를 잘 살펴보면, 직접적으로 쓰여 있진 않아도 '좋은 목소리를 내고 싶다'는 것이 주제임을 알 수 있다. 그 주제에 대한 접근 방식을 기록한 메모들을 친화도 분석 기법 간이 버전으로 도식화해 봤다(그림 16).

그림 16 '좋은 목소리를 내고 싶다'를 주제로 한 친화도 분석 기법 간이 버전

그림을 보면 약점, 즉 극복하고 싶은 과제가 네 가지임을 알 수 있다. 고음을 낼 수 있게 하기, 울림이 있는 목소리를 내기, 목소리가 갈라지지 않게 노래하기, 호흡이 끊기지 않게 하기다. 당시에는 그런 점에 콤플렉스를 느끼고 극복하고

싶었던 것 같다. 그리고 각 영역에 대해 느끼고 생각하면서 당면한 과제와 약점을 인식하고 극복하기 위한 대책도 뒤섞여 있다. 이것을 좌우로 구분해 보면 다음과 같다(그림 17).

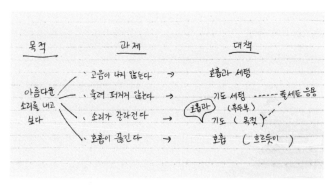

그림 17 '좋은 소리를 내고 싶다'에 관한 과제와 대책

큰 그림을 그린다

목적, 과제, 대책을 구분해 보니 다음과 같은 점을 알 수 있었다. 나는 네 가지 관점에서 좋은 소리를 내는 법을 생각하고 그에 대해 발견한 점을 매일 메모하고 있으며 다음에 연습할 때 그 점을 의식하면서 노래를 한다는 것이다.

또 네 가지 항목이 어떻게 연관되어 있는지 문제의식을 갖고 있다는 것도 알 수 있다. 네 가지 모두 중요하지만 가장 중요한 것은 무엇인지, 어떤 순서로 생각해야 하는지 말이다. 여기서 내린 결론은 호흡이 가장 중요하다는 것이다. 호흡을 제대로 하면서 숨을 구강 위쪽에 지속적으로 보내는 것이 가장 중요하다는 것을 깨달았다.

다른 예도 살펴보자. 나는 '새로운 마케팅 관점에서 세상을 보는 tom's eye'라는 블로그를 운영한다. 마케팅 플래너라는 직업상, 세상의 변화와 그에 따른 마케팅의 변화상에 관심이 있어 그 내용을 다루는 블로그를 시작했다. 블로그의 소재가 되는 메모를 읽으면서 마음에 걸리는 점을 되도록 솔직하게 기록하고, 독자들이 이해하기 쉬운 문장으로 쓸 필요가 있었다.

나는 일단 스마트폰 메모에 기록하고 어느 정도 분량이 쌓이면 그 메모들을 전체적으로 살펴본 후 나의 관심 영역을 확인하고 나서 블로그를 시작하기로 했다. 처음에 적었던 내용을 다듬어 블로그에 글을 올렸다(그림 18).

이것도 '좋은 목소리를 내고 싶은' 때와 같이 먼저 관심 범위를 분류하는 것부터 시작했다. 그러자 인공 지능, IoT, 블록체인 등의 신기술에 관한 것과 교육, 일, 삶의 방향 등 생활에 관한 것이 혼재한다는 점을 알았다.

블로그를 하면서 마케팅의 초점이 '인간을 규명하는 것'으로 옮겨 갈 것임을 깨닫고 도식화하기도 했다(그림 19). 앞으로의 기술혁신에는 키워드가 있고 그에 따라 마케팅이 어떻게 변화할지 정리해 보면 그 근원은 인간을 규명하는 것에 있다는 내용이다.

미래의 마케팅을 생각하면서 나는 이렇게 느꼈다. 사람들은 세상이 격변할 것이라 예상하며 어떻게 변화할지 궁금해한다. 우리는 그 변화상을 자신이 일하는 방식과 배우는 방식, 생존력을 키우는 방식, 나아가 최종적으로는 자신의 행복과 연관 짓고 싶어 한다. 이것은 아주 사소한 예지만 스마트폰 메모를 전체적으로 살펴보면서 여러 가지를 발견할 수 있었다.

그림 18 메모를 기반으로 쓴 블로그 · http://sudotom.hatenablog.com/

tom's eye 8 │ IoT시대의 마케팅(마음의 마케팅)

IoT시대(사물 인터넷 시대)에서 마케팅의 핵심은 무엇일까?

인터넷에서 사물과 정보를 발신하는 쪽과 수신하는 쪽이 직접 연결된 지금, 경영자는 신규 고객 개척보다 일단 기존 고객을 어떻게 유지할지가 경영상 큰 과제다. 그 문제에 IoT를 활용할 수 있다.

그러나 **고객과 심리적인 연결고리를 유지하기 위해 꾸준한 노력이 선행되어야 한다.**

힘겨운 시대다. 그러므로 자신이 하고 싶은 비즈니스는 취미로 하는 것이 좋겠다. 너무 고객층을 확장하는 것은 비효율적이기도 하고 말이다.

tom's eye 9 │ 빅데이터로 인해 일어날 일(새로운 만남)

빅데이터에 의해 마케팅 분야에서 **지금까지 알 수 없었던 것을 알 수 있게 되었다는 것은 환상적이다.**

지금도 상당수 기업이 아주 많지는 않아도 어느 정도 정량 데이터를 분석해서 답을 찾아내고 있다. 정확도도 어느 정도 보장되어 있다. 빅데이터에 관한 기대는 CRM이 한때 각광받았던 때와 비슷하다. 즉 획득한 고객 정보가 담겨 있는 빅데이터로 마케팅을 한다 해도 극적인 변화를 기대할 수는 없다는 말이다. 오히려 빅데이터로 사람, 기업, 사물, 현상 등을 발신하는 쪽과 수신하는 쪽을 매칭하는 기술을 향상하는 방향에 주력하는 편이 비즈니스에 큰 영향을 미칠 것이다.

그림 19 미래의 마케팅

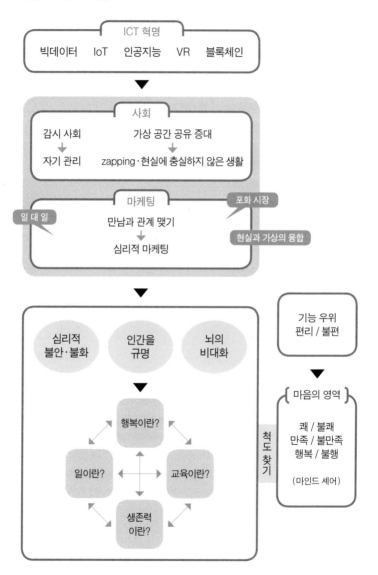

4장

스마트폰 메모로
뇌를 버전업하라

인간이 지식을 창조하는 방법에는 유형이 있다. 이 장에서
는 스마트폰 메모를 하고 다시 읽고 전체를 살펴볼 때, 뇌가
어떤 일을 하는지 알아보겠다. 뇌는 나누고(분류) 모으고(집
약) 연결하는(구조화) 작업을 한다. 이러한 뇌의 활동이 스마
트폰 메모를 어떻게 '지혜화'하는지 살펴보자.

01
상관없다고 생각하던 것이 연결되다

글자 그대로 '무엇인가'와 '무엇인가'가 관계가 있구나, 하고 뇌가 인식하는 것이다.

예를 들어 단골 레스토랑에 가는 길을 명확하게 뇌에 새겨 놓았다고 하자. 어느 날 새로운 거래처를 방문하기 위해 가는 길을 구글맵으로 검색해서 도착하고 보니 '아, 뭐야! 여기는 그 레스토랑의 대각선 방향이었잖아!'라는 것을 깨달았다. 그리고 '레스토랑에 갈 때 가던 길로 갔으면 더 빨랐을 텐데. 구글맵이 아직 완전하지 않네.' 하고 다른 사례를 통해 목적지로 가는 방향을 새롭게 발견했다.

처음에는 레스토랑에 가는 것과 신규 거래처를 방문하는

것을 완전히 다른 행위로 인식했다. 그러나 뇌는 전체적인 정보를 본 후 이 두 가지를 연관된 것으로 인식해 다음에는 유리한 선택(더 빠른 길로 가기)을 할 수 있게 되었다.

이것은 머릿속에서 어떻게 두 가지를 연관 짓는지 보여 주는 아주 단순한 사례인데, 여러 개의 메모가 연관 지어지는 것도 기본적으로는 같은 과정을 거친다(그림 20).

원래는 다른 주제로 생각과 느낌을 적은 것이 실은 같은 부류임을 깨닫거나, 다른 목표 지점을 향해 가는 법을 메모했던 것이 전체적으로 살펴보니 실은 같은 방법인 경우가 꽤 있다. 이렇게 메모는 '전체 보기'를 가능하게 한다.

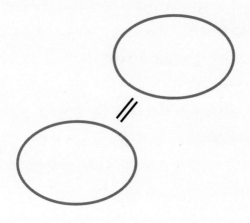

그림 20 **연관 짓기**

스타트업이 성공하는 것과 책이 잘 팔리는 것은 같은 이치

책이 잘 팔릴지 안 팔릴지는 무엇에 달려 있을까? 그것은 그 책이 필요한 사람이 있는가 없는가다.

내가 전작을 쓰며 있었던 일이다. 나는 원래 '세상이 앞으로 어떻게 변하는가'에 관해 쓸 생각이었다. 마케터로서 다양한 업종에 대해 직간접적으로 경험했기 때문에 관심도 많았고 일가견이 있다고 자부했다.

그러나 출판사 측은 이런 내 생각을 단호하게 잘랐다. "당신은 무명입니다. 인지도가 없는 사람이 세상이 어떻게 바뀔 거라고 외쳐 봐야 아무도 듣지 않아요. 사람은 간판으로 판단되니까요. 당신이 일했던 광고 회사는 일본인이라면 누구나 다 압니다. 그 이름을 듣고 연상되는 건 프레젠테이션이에요. 프레젠테이션에 관한 책을 써 주세요."

이때는 마케터인 내가 정작 내 마케팅도 하지 못하는가 싶어 침울해했다. 그러나 동시에 맞는 말이라고도 생각했다. 프레젠테이션 관련 서적으로 어느 정도 매출이 예상되는 것은 책을 통해 프레젠테이션 스킬을 익히고 싶어 하는 사람이 분명히 존재하기 때문이다. 프레젠테이션으로 신뢰받는 회사에 다닌 내가 갈고 닦은 프레젠테이션 기법을 알려 준다는 방향으로 책을 판매해야 '이 책을 사볼까'라는 고객이 나타날 것이다. 그에 대한 깨달음과 반성도 스마트폰 메모에 남겼다(그림 21).

뒷날 그 메모들을 여러 번 읽어보다가 어느 날 문득 이런

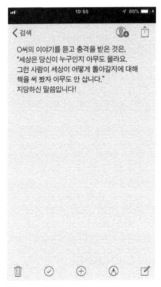

그림 21 전작을 쓰며 깨달은 것

생각이 들었다. '잠깐, 스타트업이 성공하는 조건도 마찬가지 아닌가?' 당시 나는 스타트업을 운영하고 있었는데 4년 넘게 시행착오를 거듭했지만 사업화 단계로 넘어가지 않아 애를 먹는 중이었다. 그런데 책을 쓰면서 얻은 식견이 눈을 뜨게 해 주었다.

즉 스타트업이 돈을 벌지 아닐지는 그 사업이 제공하는 것을 필요로 하는 사람이 있는가에 달렸다. 우리가 범하기 쉬운 실수는 존재하지도 않는 가상의 고객을 상대로 신규 사업을 구상하는 것이다. 정말로 지갑을 열고 그 상품을 사줄 것인지에 관한 검증이 부족했기에 나온 실수다.

이렇게 전혀 상관이 없었던 분야의 지식과 견해가 연결되면서 새로운 분야의 지식과 견해로 탄생한다. 다른 주제인데 같은 진리가 통용됨을 발견하는 것이다. 스마트폰 메모에는 그런 효과가 있다(그림 22).

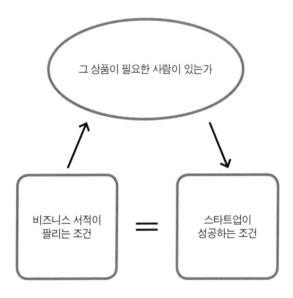

그림 22 주제는 다르지만 같은 진리가 통용됨을 발견

02
큰 콘셉트가 보인다

3장의 친화도 분석 기법을 통해 알 수 있었듯이 스마트폰 메모를 전체적으로 살펴보면 자신이 선택한 주제에 관해 커다란 콘셉트가 보인다.

스마트폰 메모를 이용해 하나의 주제에 대해 여러 메모를 쌓다 보면 여러 가지 정보가 다면적으로 수집된다. 친화도 분석 기법을 이용해 메모를 큰 콘셉트로 묶어 '이름표'를 붙임으로써 큰 덩어리로 생각할 수 있다(그림 23). 나는 마케팅 분야가 전문이므로 마케팅에 관한 생각 메모를 예를 들어 설명하겠다.

미래의 마케팅 주제가 보였다

3장에서 말했듯이 스마트폰 메모를 이용해 향후 마케팅의 방향을 그림으로 그릴 수 있었다(그림 19 참조).

이러한 '앞으로의 마케팅'이라는 전망도는 머릿속으로 생

스마트폰 메모

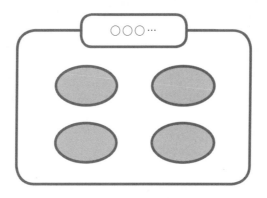

그림 23 앞으로의 마케팅 콘셉트화

각만 했다면 절대로 그리지 못했을 것이다. 물론 그때그때의 주제에 따라 '마케팅은 이렇게 된다'고 써 둔 적은 있지만 도식화한 것은 처음이었다. 이것도 스마트폰 메모에 내 생각을 집어넣었기 때문이다. 그 밖에도 메모로 깨달은 일례가 '교육의 변혁'이다. 교육에 관해 스마트폰 메모에 기록한 것은 블로그에도 업로드해 두었다(그림 24 메모 ❶-❸).

이렇게 교육과 관련된 문제의식에 대한 기록을 집약하면 다음과 같이 된다. '명문대 입학이나 일류기업 취직이라는 껍데기뿐인 목표를 설정하는 것은 이제 그만. 자신의 전문성을 강화하고 인간으로서 갖춰야 할 능력을 육성할 것!'이다. 말하자면 미래의 교육은 '껍데기가 아닌 알맹이!'가 될 것이다(그림 25).

물론 내 나이를 생각했을 때 나는 대상이 되지 않겠지만 앞으로 '젊은이들이 어떤 교육을 받아야 하는가'라는 주제에 관해서는 일가견이 있다. 이렇게 생각 메모를 쌓아 가면서 그 주제에 관해 깊이 생각하게 되고 그러다 보면 세상에 발신할 가치가 있는 커다란 콘셉트가 보이기 시작할 것이다.

그림 24 교육에 관한 메모 　　　　　　　　　　　　　　　　　 ＞ 메모 ❶

tom's eye 60 │ 명문대를 목표로 하는 난센스

- 사립대학의 정원은 최근 20년간 1.2배로 증가했고 정원 미달인 사립 대는 전체의 40%에 달했다. 학교를 고르지만 않는다면 어느 대학이건 들어갈 수 있는 사실상 '전입(全入) 시대'다. (2018년 5월 26일 닛케이신문)
- 되돌아보면 부모와 학생이 대학교 졸업을 목표로 한 이유는 과거에는 대학이 '좋은 취직자리를 보장'해 주는 곳으로 기능했기 때문이다.
- 그러나 전입 시대를 맞이하여 일부 명문대를 졸업하는 것만이 좋은 기업에 들어갈 수 있는 구조로 바뀌었다. 대학교 졸업이라는 학력이 있으면 어떻게든 된다는 발상은 이제 틀렸다. 그것을 바꿔야 한다.
- 그러면 어떻게 바꿔야 하는가.
  - 목표를 대학 졸업에서 '어떤 직종에서 어떻게 일할 것인가'로 수정한다.
  - 어디에서 어떻게 일할 것인가를 목표로 삼고, 그러려면 '어떤 기술이 필요한가', '어떤 지식과 학문을 익혀야 하는가'를 설정한다.
  - 그에 맞는 대학을 선택한다.
- 한편 대학 측은 어떤 식으로 마케팅을 해야 하는가.
- 대학은 표준 편차에 기준을 둔 등급 가르기를 그만두고 특정 기술을 육성하는 데 초점을 맞춰야 한다. 기업은 해당 직종이나 업계의 기술을 익힌 학생을 환영할 것이다. '무조건 명문대에 들어가야 한다는 발상은 난센스'라고 모두 어렴풋이 느끼고 있는데 왜 실천하지 않을까.

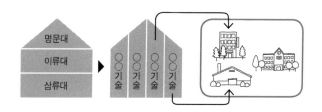

tom's eye 110 | 자신의 인생을 브랜드화할 수 있는 시대

··

간판은 중요하다.

무슨 말인가 하면 사람은 대부분 자신이 어떤 사람인지 모르기 때문이다. 글로벌 시대가 되어 전 세계 사람이 교류하는 지금은 더욱 그렇다.

사람은 어떤 사람을 잘 모를 때 간판으로 판단한다.

예를 들어 에너지 정책 연구소에서 일하는 사람이 원자력 발전의 미래를 이야기하면 사람들은 그의 말에 귀를 기울일 것이다. 그 사람이 그곳에서 회계 일을 하건 총무를 하건 상관없이 말이다.

그렇다면 젊은 여러분이 커리어 계획을 세울 때는 3~5년 뒤, 어떤 간판을 갖고 싶은지가 중요한 화두다.

만약 내가 대학생이라면…

명문대라는 간판을 목표로 하진 않겠다.

나는 문과였지만 '이과 분야를 전공해 재학 중에 실리콘 밸리나 이스라엘에서 2년간 VB에 도전할 것이다' 정도를 목표로 삼았을 것 같다. 만약 20대 초반이라면 말이다.

'크라우드워크스에서 데이터 연구자로서 2년간 빅데이터 분석의 내비게이션 업무를 할 것이다'라거나.

지금 같은 정보화 사회에서는 나의 간판을 어떻게 할 것인가를 통해 인생을 브랜딩할 수 있다.

tom's eye 97 │ 첫 직장을 최종 목표로 설정하는 것은 이제 그만

- Tom's eye 85 '동일 노동, 동일 임금이 미치는 영향'에서 말했듯이, 일본 기업도 한층 발달한 매칭 기술을 통해 그때그때 필요한 인재를 일시적으로 구하는 프리랜서 사회로 바뀌고 있다.

- 단적으로 말해서 종신 고용 제도는 이제 시대에 뒤처진 제도다. 그때그때의 니즈에 맞는 최적 매칭으로 고용이 결정된다.

- 명문대를 나와 대기업에 취직하고 퇴직할 때까지 일한다는 개념은 이미 붕괴되었다.

- 그러니 첫 번째 직장을 최종 목적지로 생각하지 말자.

- 앞으로 기업과 인재와의 매칭 기술은 점점 정교해질 것이다. 취직이나 이직을 기회라고 해석하면 평생 여러 번의 기회가 찾아온다.

- 그런 시대를 예상하고 어떻게 대처할 것인가.

- 먼저 자신의 전문성을 키워야 한다. 그리고 자신이 어떤 기술을 갖고 있는지 사회에 적극적으로 발신해야 한다. 그것이 향후 내 앞날을 결정할 것이다. 그렇게 생각하면 취직을 하기 전에 해야 하는 일이 보인다.

- 그중 하나는 자신의 전문성을 어디에 둘 것인가. 그것을 기준으로 대학을 선택하고 전문 교육을 받아서 전문성의 백그라운드를 형성한다.

- 또 하나는 휴먼 스킬 육성이다. 한 회사가 아니라 다양한 조직, 단체에서 생존할 수 있는 기초 능력을 말한다. 인간, 개개인의 다양한 가치를 인정하고 부대끼며 서로 발전하는 힘. 그러려면 하루빨리 다양한 환경에서, 되도록 글로벌한 환경에서 여러 사람들과 부딪히는 것이 효과적이다.

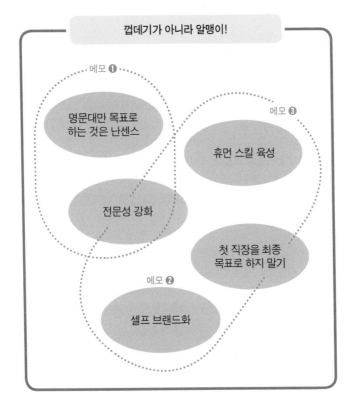

그림 25 다음 시대의 교육 콘셉트화

03
새로운 관점을 발견하다

인간은 누구나 착각을 한다. 다만 그 점을 깨닫는 것이 좀 늦을 때가 있다. 스마트폰 메모로 쌓아 온 것을 차분하게 다시 읽어 보면 늦지 않게 그 부분을 알아차릴 수 있다(그림 26). 다시 말해 어제와 다른 관점을 발견하는 것이다.

스마트폰 메모가 가르쳐준 것. 창업은 호락호락하지 않다

언젠가는 창업을 하고 싶은 사람도 꽤 있을 것이다. 그런 사람들을 위해 내 경험을 솔직하게 밝히겠다.

당초에 내가 생각한 비현실적인 가설은 스마트폰 메모를 통해 현실적으로 수정되었다. 처음에 나는 'After 60의 마케팅 컨설팅'을 중심으로 할 생각이었다. 'After 60'은 60세 이상인 사람을 가리킨다. '본격적인 고령화 사회에 돌입했지만 간병 용품이나 약, 건강 보조 식품을 제외하면 노인을 대상으로 하는 마케팅은 적다. 여기에 기회가 있을 것'이라고 굳게 믿었다.

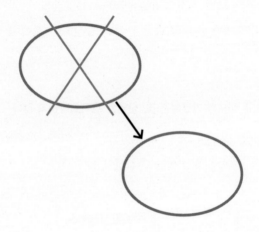

그림 26 착각을 바로잡기

'TOM(내 회사명)의 콘셉트. 초고령화 사회를 맞이해 시니어를 대상으로 한 시장을 발굴하자'라고 쓰고 회사 홈페이지에 올리기도 했다(그림 27).

After 60에 초점을
TOM은 특히 60세 이상인 분이 공감할 수 있는 마케팅을 제안합니다.

왜 After 60인가?
전례 없는 고령화 사회에 돌입. 2020년에는 After 60이 전인구의 3분의 1을 점유합니다. 그러나 이 거대 시장의 마케팅을 하는 기업은 거의 없습니다. 일본 기업의 경우 60세 정년제가 뿌리 깊게 자리 잡고 있어 상당수의 베테랑 마케터가 사회에서 퇴출되기 때문입니다. 한편 50세 이하인 현역 마케터들은 자신이 경험하지 못한 연령대의 관점에서 구체적인 제안을 할 수 없습니다. 따라서 우리 광고사의 OB가 그 점을 해결하겠습니다.

그림 27 그 당시의 홈페이지

그런데 그로부터 2년 반이 지나자 이런 식으로 콘셉트가 바뀌었다(그림 28, 그림 29). 당초의 생각이 착각이었음을 깨닫고 좀 더 현실적인 방향으로 궤도를 수정한 것이다.

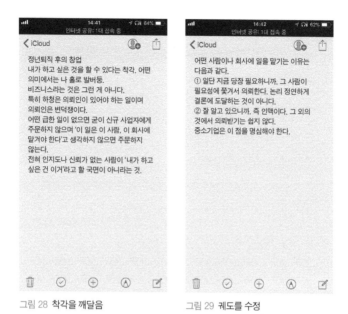

정년퇴직 후의 창업
내가 하고 싶은 것을 할 수 있다는 착각. 어떤
의미에서는 나 홀로 발버둥.
비즈니스라는 것은 그런 게 아니다.
특히 하청은 의뢰인이 있어야 하는 일이며
의뢰인은 변덕쟁이다.
어떤 급한 일이 없으면 굳이 신규 사업자에게
주문하지 않으며 '이 일은 이 사람, 이 회사에
맡겨야 한다'고 생각하지 않으면 주문하지
않는다.
전혀 인지도나 신뢰가 없는 사람이 '내가 하고
싶은 건 이거'라고 할 국면이 아니라는 것.

어떤 사람이나 회사에 일을 맡기는 이유는
다음과 같다.
① 일단 지금 당장 필요하니까. 그 사람이
필요성에 쫓겨서 의뢰한다. 논리 정연하게
결론에 도달하는 것이 아니다.
② 잘 알고 있으니까. 즉 인맥이다. 그 외의
것에서 의뢰받기는 쉽지 않다.
중소기업은 이 점을 명심해야 한다.

그림 28 착각을 깨달음

그림 29 궤도를 수정

After 60 시장의 니즈를 발굴한다는 관점 자체는 잘못되지 않았다. 잘못은, 자신이 주도할 수 있을 것이라고 착각했다는 점이다. 더 직설적으로 말하자면 회사를 세우고 나서 노하우를 축적하여 사업을 하겠다는 무른 생각이 잘못이었다. 고객은 나에게 이미 그런 경험과 식견이 있을 때만 의뢰한다. '이제부터 열심히 공부하겠습니다'라는 사람에게 의뢰할 리가 있겠는가.

스마트폰 메모

물론 이런 깨달음은 머릿속에서만 자각해도 된다. 하지만 내 경우 스마트폰 메모로 그때의 생각을 명확하게 남겨 두어서 무엇이 맹목적인 믿음이고 착각인지 차분하게 판단할 수 있었다(그림 30).

내가 하고 싶은 일을 할 수 있을 것이라는 믿음, 그것은 착각이다. 창업하려고 하면 아무래도 의욕이 앞선 나머지 과도한 목표를 내걸기 쉽다. 하지만 비즈니스는 그래서는 안 된다. 특히 하청 업무는 의뢰인이 있어야만 성립되고 그 의뢰인은 기본적으로 변덕스럽다. 어떤 급한 일이 없는 한 굳이 신규 업체에게 의뢰하지 않는다. '이 일은 그 사람(그 회사)이 아니면 못해'라고 생각하지 않으면 말이다. 인지도나 신뢰가 쌓이지 않은 사람은 "제가 하고 싶은 건 이겁니다"라고 말할 처지가 아니라는 것을 깨달았다.

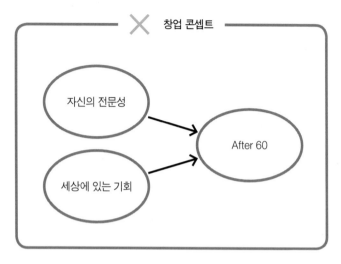

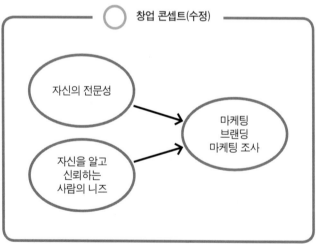

그림 30 착각을 깨닫고 기록

04
근본적인 답을 찾다

미지의 테마, 답이 보이지 않는 주제에 관해 그때마다 생각나는 것을 적으면 정답에 조금이라도 가까이 가는 정보가 차곡차곡 쌓인다. 그것을 다시 읽으면 '결국 이 말이구나', '이 문제의 근본적인 답은 이게 아닐까'라는 나름의 가설을 세울 수 있다(그림 31). 이것이 생각 메모의 네 번째 효과다. 내 취미를 예로 들어 설명하겠다.

노래를 잘 부르는 솔루션을 찾았다

3장에서 소개한 내 취미, 합창에 관한 생각 메모를 예로 들어 보자. 내가 평소 연습을 하면서 느낀 콤플렉스는 크게 두 가지였다.

하나는 고음이 나지 않는 것이고 또 하나는 울림이 적다는 것이다. '고음이 나지 않는 것'은 노래 부르기를 좋아하는 사람들이라면 한 번쯤 고민해 봤을 것이다. 나 역시 그 문제를 극복하고 싶은 사람 중 한 명이다. 또 하나인 '울림이

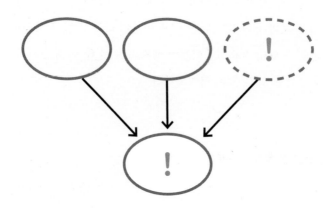

그림 31 **뿌리를 발견**

적다'는 그것보다는 주류가 아닐 수도 있다. 쉽게 말해 콘서트홀이나 교회에서 노래할 때 해당 장소에 울려 퍼지는 정도가 적다는 뜻이다.

일반적으로 노래를 잘 부르는 요소는 호흡, 음정, 울림(나의 경우 리듬은 문제가 없어서 생략한다.)이라고 한다. 이 요소를 극복하기 위해 나는 메모를 하고 또 했다.

어느 날, 메모를 보면 이렇게 쓰여 있다. '고음을 낼 때는 저 멀리 높은 곳을 상상하면서 부르는 게 좋을까나.' 어떤 때는 이렇게도 적혀 있다. '공기를 흘려보내는 느낌으로 노래하면 목도 상하지 않고 고음을 내기 쉬울지 몰라.' 그중에서도 고민했던 것은 처음부터 끝까지 좋은 목소리로 노래하고 싶은데, 호흡, 음정, 울림이라는 세 가지의 우선순위가 균등한지, 아니면 더 중요한 것이 있는지, 또 상호관계는 어떻게 되는지였다. 모든 것을 의식하며 노래하기는 불가능하다.

그렇다면 무엇에 가장 중점을 두면 되는가. 어느 날, 개인 레슨 선생님의 이야기에서 깨달은 바가 있어 이런 메모를 남겼다(그림 32). '고음을 낼 때 힘을 주면 오히려 소리가 나오지 않아요. 차라리 낮은 음정에서 높은 음정으로 옮겨갈 때 호흡이 거칠어지는 걸 억지로 막지 말고 호흡량을 조절하면 의외로 고음이 잘 나와요.' 그 말을 듣고 나는 '근본은 호흡이구나!'라고 확신했다(그림 33).

"하지만 호흡이라니, 말이 쉽지 실제로 해 보면 너무 힘든

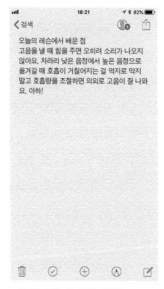

그림 32 고음 내는 법을 깨달음

스마트폰 메모

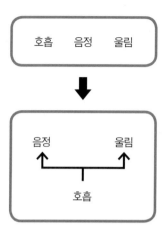

그림 33 근본은 호흡

데. 어떻게 안 될까?" 이것이 다음에 든 문제의식이다. 그리고 '아, 그 메모를 보자'라고 생각하며 다시 읽어 본 것이 그림 34이다.

노래를 잘 부르기 위해 고민하고 내 나름대로 내린 결론은 '일단 후두를 내리고 기도를 열어서 배와 연결한다'였다. '뭐야, 겨우 그거야?'라고 생각하는 사람도 있겠지만 내게는 큰 깨달음이었고 일보 전진했다는 느낌이 드는 순간이었다.

그림 34 내가 내린 결론

이렇게 스마트폰 메모는 한 주제에 대해 여러 가지 접근법이 있다는 것을 실감하게 한다. 또 각 요소의 관계를 차분히 관찰할 수 있는 환경을 제공한다. 특히 비즈니스에서는 정답이 하나가 아니다. 목적을 달성하기 위해 여러 가지 길이 있으며 어느 쪽으로 갈지 고민해야 하는 경우가 계속된다. 그럴 때 다양한 식견을 메모해 두고 전체적으로 살펴보면 최적의 답을 구하기 쉬울 것이다.

5장

스마트폰 메모로
당신은 이렇게 변한다

지금까지 스마트폰 메모를 하는 방법과 뇌의 움직임에 관해
설명했다. 이 장에서는 스마트폰 메모를 습관화하면 어떤
좋은 일이 일어나는지를 살펴보겠다.

01
스마트폰 메모로 SNS가 편해지다

당신은 SNS를 하고 있는가? 아마 대부분 어떤 형태로든 SNS를 하고 있을 것이다. 하루에 몇 번씩 글을 올리고 SNS를 자유자재로 사용하는 사람을 보면 가끔 부럽다.

한편으로 글을 올릴 때마다 그 글을 보는 상대방이 어떻게 생각하는지, '혹시 내 글을 읽고 마음이 상하진 않을까, 상대방이 나를 무시하진 않을까' 생각하며 솔직하게 글을 쓰기 힘들어하는 사람도 꽤 많은 듯하다. 이것을 '연결된 고독'이라고 부른다.

생각해 보면 인류는 인터넷 메일을 통해 전 세계 사람과 소통할 수 있는 시대를 맞이했다. 그러면서 텍스트나 문장에 관한 지식은 예전보다 확연히 발달했다.

하지만 그와 동시에 어떤 표현으로 상대방에게 전달해야 하는지, 어떻게 해야 상대의 마음을 상하게 하지 않으면서 내 뜻을 전달할 수 있는지가 새로운 고민거리로 등장했다. 스마트폰 메모 습관은 당신의 그런 고민을 해결해 줄 것이다.

원래 스마트폰 메모는 자신의 흥미, 관심, 일과 같은 다양한 주제에 관한 당신의 견해를 가득 담아 놓은 창고다. 생각을 메모하는 행위로 어떤 부분이 단련되는 것일까?

하나는 사물을 보는 방식이다. 어떤 일에 대한 의미를 추정하거나 해석하는 방식을 꾸준히 반복하면 사물을 보는 방식이 체화된다. 또 하나는 전달하는 방식에 관한 감각이다. 스마트폰 메모를 하는 습관을 들이면 자신의 생각을 어떤 식으로 표현하는 것이 적절한지 끊임없이 생각하게 되므로 누구에게나 쉽게 전달되는 표현을 연습하는 효과가 있다. 그리고 SNS나 메일을 보낼 때 생각지 못한 위력을 발휘한다. 실제로 내 블로그에서 페이지 열람수와 '좋아요!' 수가 늘었다.

즉 스마트폰 메모라는 행위, 다시 말해 자신의 생각을 메모하는 행위를 반복하면 사물을 해석하고 전달하는 기술이 강화된다. 이것은 인생에서 무척 중요한 일이다. 나도 스마트폰 메모의 효과가 이렇게 클 줄은 예상하지 못했다.

그 과정을 간단히 표현하면 같은 작업을 반복하고 있음을 알 수 있다(그림 35). 즉 스마트폰을 이용한 생각 메모는 아웃풋을 전제로 한 당신의 해석 방식과 표현력을 길러준다. 세상에 아웃풋 시대가 도래했다고 하는데 여기서 힘을 발휘하는 것이 바로 생각 메모다.

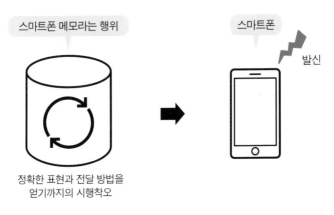

그림 35 스마트폰 메모로 해석과 전달력 강화

02
일가견을 갖게 된다

얼마 전 단골 미용실에서 미용사에게 샴푸 후 어깨 마사지를 받고 있는데 "어깨가 항상 뭉쳐있네요."라는 말을 들었다. "그래요? 전 전혀 모르겠는데요." 미용사는 내 대답을 듣고 호들갑스럽게 말했다. "네? 이렇게 단단하게 뭉쳐 있는데 모르신다고요?" 잠시 뒤 내가 "사람은 모르는 게 행복할 때도 있잖아요."라고 했더니, 미용사도 맞장구를 쳤다. "아하, 모르는 게 약인 경우도 있죠."

나는 이렇게 말을 이었다. "그래요. 하지만 현대사회에서는 뭐든지 알게 되니까요. 마음만 먹으면 옆 사람의 연봉도 알 수 있잖아요. 옛날에는 생각도 못 했던 게 눈에 보이면 사람이 아무래도 비교하게 되잖아요. 비교할수록 남의 떡이 커 보이기 마련이고." 상대방은 묘하게 내 의견에 수긍했다.

이것은 어깨 결림이 '알아차리지 못하는 행복'이라는 키워드에 반응해서 오고 간 소소한 대화다. 그리고 내 생각 메모에 있었던 '개인의 가시화 시대'와 부합해서 새로운 메모로 기록되었다(그림 36).

스마트폰 메모를 실천하고 있었던 덕분이었다. 이것저것 메모하다 보면 어떤 화제와 기록해 둔 생각 메모가 맞아떨어지거나 관련 항목으로 떠오르기 마련이다. 업무와 관련된 내용이라면 그동안 메모로 축적된 다양한 느낌과 아이디어가 업

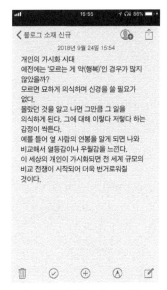

그림 36 일상의 대화가 메모로 연결

무상의 말과 행동에 반영될 것이다. 추진력 있는 영업사원이나 아이디어맨이 될 수도 있다.

2장에서 말했듯이 메모 내용은 뭐든지 좋다. 예를 들어 '다음에 이 사람과 대화할 때는 이 이야기를 하자'는 메모도 의외로 효과적일 수 있다(특히 영업직). 인간은 망각의 동물이기 때문이다. 어떤 사람과 헤어진 뒤, '아, 이 말을 했으면 좋았는데'라고 생각하거나, 신문을 읽다가 '이, 이 이야기는 다음번 ○○한테 해 봐야지'라고 생각했다가도 정작그 사람을 만났을 때는 까맣게 잊어버리는 일이 많다. 메모는 이럴 때 도움이 된다.

스마트폰 메모

03
에너지를 얻는다

당신은 취미가 있는가? 아니면 어떤 좋아하는 것이 있는가? 취미나 좋아하는 일은 나만의 세상이다. 다른 사람의 시선을 신경 쓸 필요도 없고 자신의 에너지를 아낌없이 쏟아부을 수도 있다. 그만큼 본인의 기준이나 소신이 있을 것이다.

예를 들어 골프가 취미라면 매일 스코어를 기록하며 되돌아보고 다음 기회에 더 노력할 수도 있다. 이렇게 취미에 관한 식견을 스마트폰 메모로 쌓아 두면 반드시 긍정적인 변화가 일어난다. 깨달음과 식견이 쌓이면 앞에서 설명한 '큰 콘셉트가 보인다', '자신의 착각을 바로잡는다', '문제의 근원을 발견한다' 등의 효과가 나타나기 때문이다.

취미에 관해 글을 쓰는 것은 메모를 하고 깨닫는 과정을 즐길 수 있게 한다. 그리고 취미를 깊이 파고들면서 그 분야에 일가견이 있는 사람이 된다. 정말 효과적이고 멋진 일이 아닌가.

이러한 결과는 메모에 대한 긍정적인 연쇄 작용을 낳는다. 자신이 좋아하는 일이기 때문에 메모하고 다시 읽는 과정을 반복하면서 취미에 관한 식견과 스킬이 향상되는 자신을 확인할 수 있기 때문이다. 말하자면 스마트폰 메모로 의욕을 충전하는 셈이다. 업무 관련이 아니어도 된다. 조깅, 반려 식물 기르기 등 뭐라도 상관없다. '취미도 스마트폰 메모로' 꼭 실천하자.

04
자신을 안다

스마트폰 메모의 이점 중 의외의 것이 있다면 그건 자신이 어떤 사람인지 알 수 있다는 것이다. 자신의 견해와 식견을 축적하면 스스로 어떤 것에서 행복을 느끼고 어떤 것은 용납하지 못하는지 알게 된다. 즉 '나'라는 사람의 개성이 보인다. SNS도 그런 특징이 있긴 하지만 스마트폰 메모는 '생각 메모'이므로 자신의 더 깊은 부분을 바라볼 수 있다.

나는 마케팅 분야에 관심이 있어서 관련 메모들을 남겼는데, 그 메모들을 찬찬히 읽어 보면서 '내 마음의 행복이란 무엇인가'를 자문자답하는 경향이 있음을 알 수 있었다. '사람은 어느 때 기분이 좋아지고 어느 때 울적해지는가'를 나와 관련지어 생각하는 것이다.

또 스마트폰 메모로 놀이를 하듯이 자신의 생각 패턴을 파악할 수 있다. 'iCloud의 모든 메모'를 터치하면 검색 화면이 나오는데 키워드를 검색해 보는 것이다. 예를 들어 평소에 좋아하던 문구는 무엇인지 생각하면서 몇 가지 키워드를 입력해 보는 것이다.

내 경우, '한마디로'가 160개, '결국'이 39개, '생각해 보면'이
24개나 있었다(그림 37). 이들이야말로 틀림없이 내가 좋아
하는 문구이며 나는 '정리하기를 좋아하는 성향'임을 알 수
있었다.

메모가 어느 정도 쌓이면 검색 기능을 이용해 좋아하는 키
워드를 알아 보고 자신을 파악하는 놀이를 해 보자. 생각보
다 재미있을 것이다.

그림 37 나의 생각 패턴 파악

스마트폰 메모

05
자신감이 붙는다

스마트폰 메모를 축적하다 보면 당신은 예전의 자신과 비교할 때 상당히 변화했음을 느낄 것이다.

스마트폰 메모는 최신 뉴스에 자신의 해설을 덧붙여서 기록하는 것과 흡사하다. 즉 사회와 거의 실시간으로 링크된다. 이렇게 하다 보면 평소에 친구와 잡담을 할 때도 자연스럽게 자신의 식견이 들어가게 된다. 이것이 스마트폰 메모의 위력이다.

업무 분야에도 여러 가지 효과가 나타난다. 보통은 업무에 관련된 메모가 가장 많기 마련이다. 그것을 비즈니스에 적용할 수 있는데, 예를 들어 거래처와의 대화를 이끄는 법이 있겠다. 처음에는 세상 돌아가는 일로 이야기를 시작해서 세상의 트렌드를 설명하고, 업무에도 이런 것을 활용할 수 있겠다는 이야기로 끌고 나갈 수 있다. 이렇게 스마트폰 메모는 당신에게 '자신감'을 선물한다.

06
행복한 삶을 산다

지금의 생활을 생각해 보자. 해야 할 일, 생각해야 할 일이 한두 가지가 아닐 것이다. 예를 들어 어떤 업무에 관련해 언제까지 무엇을 해야 하고, 주말에는 하루 종일 취미생활을 하며 보낸다. 아이의 취학 상담도 하러 가야 한다. 이렇게 'Things to Do'가 꽤 많을 것이다. 때로는 무언가를 미뤄 두고 싶을 수도 있고 전부 잊어버리고 하나에 몰두하고 싶을 때도 있다. 그럴 때는 스마트폰 메모에 '행복'에 관한 느낌과 생각을 축적하면 좋다.

일, 가정, 육아, 일상생활, 취미, 투자 등 여러 영역에서 메모를 쌓다 보면 행복에 관한 것이 반드시 나오기 마련이다. 모두 행복하기를 원하며 열심히 살기 때문이다. 나도 '행복'이라는 키워드로 검색하면 30개의 메모가 나온다. 그것도 다양한 각도에서 행복을 얘기한다.

예를 들어 '노년에는 지금처럼 세상 전반을 보면서 행복에 대해 생각하는 것이 아니라 내 주변에 있는 일상에서 행복을 생각하는 것이 좋다는 깨달음(그림 38).'이나 'IT나 가상현실 기술의 발달로 몽상할 기회가 증가하면서 인간은 더 쉽게 행복해졌다. 인간은 꿈을 꾸는 동물이기 때문이다(그림 39).'와 같이 적어 놓기도 했다.

또 '사람은 목표를 향해 돌진할 때와 그것을 통해 발전하고 있다는 느낌이 들 때 행복을 느끼지 않을까? 오랜 세월을

그림 38 행복에 대한 메모   그림 39 다른 각도로 행복을 바라본 메모

살면서 나는 발전하고 있다는 느낌이 행복에 상당히 중요한 요소임을 깨달았다(그림 40).'고도 메모했다.

이렇게 다양한 각도에서 행복에 관해 생각하고 식견을 쌓아 가는 것은 '무엇이 행복인가'라는 중요하고도 어려운 질문과 진지하게 마주하는 행위이기도 하다. 이렇게 계속하다 보면 점차 행복에 대한 자기 나름의 기준이 보이기 시작

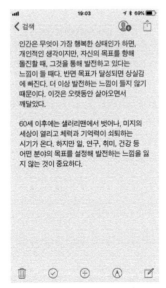

그림 40 또 다른 각도로 행복을 바라본 메모

한다. 그러면서 앞으로 자신이 어떤 식으로 행복해질지 목표를 설정하고 그 목표를 이루기 위한 접근 방식과 방향을 생각할 수 있게 된다.

즉 자아실현을 위한 자신의 지도를 만들 수 있다. 물론 우여곡절이 있겠지만 생각 메모로 자신의 잘못된 생각을 바로잡고 근원을 찾아 커다란 콘셉트를 발견함으로써 당신만의 행복에 대한 접근법을 찾을 수 있을 것이다.

─── 6장 ───

지금 시작하자,
스마트폰 메모 생활

앞으로 이 세상이 어떻게 될지 광범위하게 생각해 보자. 지금 우리는 이른바 디지털 혁명이라는 소용돌이 중심에 있다. 이 시대에 어떻게 대비를 하면 좋을까?

<u>01</u>
인류는 새로운 단계에 진입했다

앞으로 이 세상이 어떻게 될지 광범위하게 생각해 보자. 지금 우리는 이른바 디지털 혁명이라는 소용돌이 중심에 있다. 디지털화는 무엇을 의미할까?

단적으로 말하면 사회의 정보처리 속도가 향상된다. 모든 요소가 디지털로 변환되어 초속으로 처리된다. 세상의 흐름이 엄청난 속도로 진행된다는 뜻이다.

다음으로 정보의 내용이 방대해졌다. 정보가 '산업의 쌀'이 된다고 한지 꽤 오래되었는데 정보의 양은 앞으로도 갑작스러운 소나기구름처럼 기하급수적으로 증가할 것이다. 그 상황에서 우리는 그때그때 의미 있는 정보를 취사선택해 가치 있는 것으로 변환하며 살아가야 한다.

두 양상을 함께 생각하면 '정보'라는 엄청난 양의 비구름을 고속으로 헤쳐 나가는 인간의 모습이 보일 것이다(그림 41). 정보의 취사선택은 기업이나 개인이 가치를 발휘하고 생활의 만족도를 높이는 데 대단히 큰 역할을 한다.

그림 41 정보의 초고속 처리 시대

스마트폰 메모

02
인간의 역할이 달라졌다

인간의 역할이 변화했다. 그러면서 새로운 사회 형태가 보인다. 지금 생산 활동 현장에서는 원래 사람이 했던 단순노동 작업이나 비교적 단순한 지적 작업이 어시스트 로봇, 로봇 프로세스 자동화, 드론 등과 IoT나 인공 지능이 도입된 기계로 대체되어 가고 있다.

앞으로 인간의 역할은 인간밖에 할 수 없는 것, 즉 '지혜를 창조'하는 것으로 옮겨 갈 것이다. 그런 세상에서는 지금과는 비교도 안 될 정도로 강하게 '뇌의 활성화'가 요구될 것이다.

03
개인의 시대가 도래했다

가까운 미래를 예측할 때 언급되는 또 하나는, 앞으로 '개인의 시대'가 가속화될 것이라는 점이다.

생산 활동에 필요한 기능과 장비, 지식이 세분화되고 글로벌한 관점에서 최적의 조달을 지향하는 식으로 노동 환경이 바뀌고 있다. 이에 발맞춰 특수한 지혜와 기술을 무기로 장착한 사람의 프리랜서화가 빠른 속도로 진행될 것이다.

일상생활도 크게 변화하고 있다. 예를 들어 현실과 가상 현실의 비율이 역전되고 있다. 스마트폰을 접하는 시간을 가상 현실과 접속된 시간으로 생각하면, 사람들이 생활에서 가상 현실을 공유하는 비율이 명확하게 급증했다. 왜 가상 현실이 위력을 발휘할까? 앞에서 말했듯이 스마트폰이 세상과 연결하는 파인더가 되고 동시에 소통 도구가 되었기 때문이다. 사람들은 현실 세계에서 다른 사람과 함께 있지 않아도, 즉 혼자 있거나 가상 현실에서도 행복을 느낄 수 있게 되었다.

스마트폰 메모

결혼이나 가족 등 기존의 관계성도 희박해지고 있다. 지금 말한 요인이 저출산, 딩크족, 비혼 인구의 증가라는 추세를 가속화하는 면이 있기 때문이다. 집단에서 개인으로 시대는 변하고 있다. 말하자면 '개인 단위에서의 자신을 빛나게 하려는 자아실현 욕구'가 우선하는 사회로 변하고 있는 것이다.

이처럼 인간의 과제는 개인을 가치화하고 빛나는 존재로 만드는 방향으로 옮겨 간다. 그때 개개인의 '두뇌력'이 관건이 될 것이다.

04
생각의 베이스캠프가 필요해졌다

시대는 이미 움직이고 있다. 이런 시대의 흐름 속에서 스마트폰 메모는 틀림없이 당신의 '두뇌력'을 버전업하는 강력한 무기가 된다.

앞서 생각 메모를 활용하는 법에서도 설명했지만, 당신의 뇌와 스마트폰 메모라는 생각의 무한 창고를 연결함으로써 언제든지 뇌에 에너지를 충전할 수 있다(그림 42). 스마트폰 메모는 당신에게 생각의 무한 창고, 또는 '생각의 베이스캠프'로 자리 잡을 것이다.

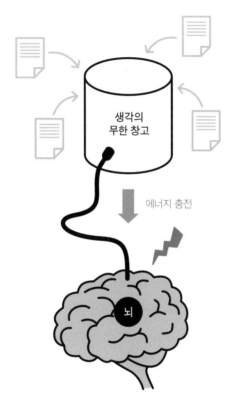

생각의
무한 창고

에너지 충전

뇌

그림 42 생각의 무한 창고 개념도

05
스마트폰 메모는 언젠가 인공 지능과 연결된다

스마트폰 기능 중 음성 입력은 이미 인공 지능과 연결되었
다. 검색도 그렇다. 이용자의 취향을 인지하여 인공 지능
이 대응하고 있다. 이 흐름을 바탕으로 생각하면 스마트폰
메모는 필연적으로 인공 지능과 연결될 것이다. 이른바 '자
기 인공 지능'이다(그림 43). 스마트폰 메모는 자기 생각의
빅데이터이기 때문이다.

빅데이터를 처리하는 데 인공 지능은 대단히 편리한 도구
다. 사실 많은 기업이 자사 데이터를 인공 지능이 분석하게
한다. 그 점을 생각하면, 내 생각의 무한 창고에 인공 지능
기능이 들어감으로써 지금까지 알아차리지 못한 획기적인
사고가 이루어진다 해도 전혀 이상하지 않다. 생각만 해도
대단하지 않은가? 한마디로 말해 인류는 뇌 확장의 경쟁
시대에 돌입한 것이다.

내 메모도 이 속도로 가면 1만 개를 넘는 것은 시간문제다.
메모가 1만, 10만, 이런 식으로 쌓이면 내가 직접 그 메모를

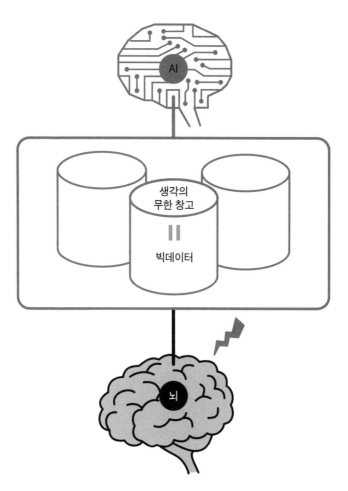

그림 43 자기 인공 지능 개념도

전부 다시 읽는 것은 사실상 불가능하다. 인공 지능의 손을 빌리는 것은 어떻게 보면 자연스러운 일이다. 그때 어떤 일이 일어날까? 솔직히 나도 알 수 없다. 그러나 지금까지 없었던 새로운 식견이 튀어나올 확률이 상당하다. 메모 수가 3,000개인 지금도 여러 새로운 발견을 했으니 말이다.

이때 '나의 독창적인 식견'이라는 점이 중요하지 않을까? 그것은 내가 생각한 결과이기 때문이다. 가장 확실한 것은 생각의 무한 창고인 스마트폰 메모야말로 당신의 미래를 만든다는 점이다.

06
인공 지능과 함께 일하게 될 것이다

스마트폰 메모에 인공 지능을 도입하면 어떤 느낌이 들까?

먼저 정보를 꺼내는 방법이 달라질 것이다. "이봐, 톰! 그 정보 어디에 있지? 좀 갖고 와 봐!" (편의상 내 친구인 인공 지능을 톰이라고 명명했다.) 관련 정보도 자동으로 꺼내게 하면 업무 능률이 대폭 향상되고 잊고 있었던 정보를 다시 살펴볼 수도 있다.

나아가 단순한 정보가 아니라 비슷한 주제나 생각을 함께 끄집어낼 수 있다. "이봐, 톰! 이번 주제는 이건데 내 생각 메모에 비슷한 거 없을까?"

더욱 진화하면 피드백을 받을 수 있을지도 모른다. "이봐, 톰! 이번 과제는 이거야. 대상 고객층이 이렇게 생각하니까 이렇게 하면 될 것 같은데 어때?" 이에 대해 톰은 "물론 그렇게 생각할 수도 있지만, 대상 고객층은 이런 측면도 있으니까 이런 해결 방법도 있을 것 같은데."라고 대답하는 식이다.

기술적으로는 시간이 걸리겠지만 결국은 자신과 파트너가 될 인공 지능이 딥 러닝을 거쳐 생각하는 방법을 배움으로써 점점 정교한 대답을 하게 될 것이다. 그야말로 인공 지능과 함께 아이디어를 내고 함께 생각하는 시대가 찾아오는 것이다. 이것이 자기 인공 지능 시대의 시작이다.

07
스마트폰의 약점도 극복하게 될 것이다

스마트폰 메모에 인공 지능을 도입하고, 거기에 축적된 빅데이터를 활용하는 방법에 관해서는 계속 발전하는 중이다.

3장에서 스마트폰 메모는 정보를 전체적으로 살피기 힘든 면이 있다고 했는데 사고의 깊이를 더하려면 전체를 살펴보는 과정이 꼭 필요하다. 또 그 과정에서 얻은 발견을 그림 등으로 가시화하는 행위도 역시 필요하다.

그렇다면 스마트폰의 약점을 해결하는 획기적인 아이디어로 무엇이 있을까?

내가 생각해 본 대안은 프로젝터 기능이다. 스마트폰 메모에 저장된 다양한 정보와 지혜를 큰 화면에 목록화하는 것인데, 포인트는 각 메모의 순서나 위치를 자유롭게 바꿀 수 있다는 점이다. 또 비슷한 것끼리 한 범주에 넣는 기능이나 그 틀에 이름표를 붙이는 기능을 추가해 스마트폰과 종이

한 장만 있으면 곧바로 친화도 분석 기법을 이용할 수 있도록 하는 것이다.

그리고 이것을 한층 발전시킨 '접이식 받침'도 생각해 보았다. 완전히 펼치면 B4 정도 크기인 접이식 받침을 이용해 앞에서 말한 전체를 조망하는 기능을 수행하면 어떨까.

접이식 스마트폰은 이미 시중에 나왔는데 필기 기능이 추가되기를 바란다. 스마트폰 화면에 펜으로 입력할 수 있는 기능은 이미 있지만 나는 즐겨 쓰지 않는데, 화면이 너무 작고 딱딱하기 때문이다. 공책에 글씨를 쓰고 그것을 화살표로 잇거나 그림을 그릴 때의 감각과 스마트폰 화면에 입

그림 44 필기 기능이 있는 접이식 받침대

력할 때의 감각이 다른 것은 당신도 동의할 것이다. 나는 아무리 해도 그 감각에 익숙해지지 않는다. 손으로 필기할 때의 느낌, 즉 공책 정도 크기의 부드러운 종이에 필압을 조절하면서 곡선이나 굵은 선을 그리는 감각을 원한다. 따라서 이런 제품이 나오길 바란다(그림 44).

08
아직 아무도 알아차리지 못했다

우리 주변에서 이렇게 스마트폰 메모를 하는 사람이 얼마나 있는가? 생각 메모라는 형태로 실천하는 사람은 거의 없지 않을까? 스마트폰으로 메모하는 사람은 있겠지만 대부분은 일정표나 메모장에 단순히 기입하는 데 그치지 않을까? 예를 들어 골프가 취미인 사람이 골프에 관한 데이터나 느낌을 메모할 수는 있겠다. 하지만 생활 전반에 걸쳐 이 책에서 말하는 '생각 메모'를 하는 사람은 소수일 것이다.

서점에 가면 수첩을 활용하는 방법이나 노트 필기를 잘하는 방법에 관한 책이 즐비하다. 업무 효율이 향상되거나 참신한 아이디어가 떠오른다고 홍보하는 책도 많다. 하지만 스마트폰 메모에 관한 책은 별로 눈에 띄지 않는다. 스마트폰의 성능이 향상되었지만, 아직은 수첩이나 공책에 손으로 적는 것이 더 낫다고 생각하는 사람이 많기 때문이다.

또 메모를 기획하고 아이디어 수단으로 활용한다는 책은

보이지만 메모와 사고력을 연계한 책은 많지 않은 듯하다. 즉 아직 아무도 알아차리지 못한 것이다. 스마트폰에 의한 생각 메모의 효용과 가능성을 말이다.

여기까지 이 책을 읽은 당신은 '스마트폰이기에 가능한 생각 메모'의 가능성을 깨달았을 것이다. 한번 해 볼 만한 가치가 있다고 생각하지 않는가? 나는 많은 효과를 경험했고 누구나 그럴 수 있을 것이라고 믿기에 당신에게도 권한다.

새로운 지식 창조가 인간의 역할이 되었다. 이제는 뇌를 얼마나 활용하느냐가 관건이다. 그때 '생각 무한 창고'가 있는 것과 없는 것은 커다란 차이를 낳을 것이다. 스마트폰 메모를 시작한 지 수년째인 나는 이미 스마트폰 메모로 삶이 달라진 사람 중 하나다. 지금부터 시작하면 당신도 그렇게 될 것이다.

09
스마트폰과의 관계는 앞으로 더 확장된다

종종 스마트폰에 지나치게 의존한 나머지 집중력이나 학력이 떨어지는 사람들을 '스마트폰 중독'이라고 지칭하고, 결국 스마트폰은 유해하다고 주장하기도 한다. 그러나 여기에 나는 동의하지 않는다.

앞서 말했듯이 스마트폰은 이 세상과 연결되는 파인더다. 세상과 연결되면 안 된다는 논조는 말이 안 된다. 물론 방에 틀어박혀 스마트폰만 하면서 다른 사람, 즉 현실 사회와 접촉을 거부하는 것은 문제다. 하지만 그것은 사회 문제로 해석해야 하며 스마트폰 자체는 개인의 삶에 도움이 된다.

일찍이 인터넷이 보급되는 과정에서, 자기 방에 틀어박혀 컴퓨터만 들여다보는 사람들을 야유하는 의미로 '네티즌'이라는 용어를 썼다. 그러나 지금은 그렇게 쓰이지 않는다. 인터넷은 이제 우리 생활에 빼놓을 수 없는 존재가 되어 우리 생활 구석구석까지 침투했기 때문이다.

스마트폰에 빠져드는 것에 따른 각종 부작용을 열거하는 사람이 있지만, 뒤집어 생각해 보면 스마트폰은 하루 종일 들여다보게 될 만큼 흥미로운 내용으로 가득하다는 말이다.

이 책은 '스마트폰을 이용한 생각 메모'라는 새로운 제안을 한다. 이 제안을 받아들이면 스마트폰은 점점 더 우리 생활에 없어서는 안 될 존재가 될 것이다. 사실 나도 TV와 활자 매체를 접하는 시간이 눈에 띄게 줄었다. 그러나 그로 인해 뇌가 확장되고 새로운 사회를 향해 앞장설 수 있다면 훨씬 이득이 아닐까?

'스마트폰을 이용한 생각 메모'는 뇌의 숙성 작업, 발신 전 워밍업 작업이자 인풋과 아웃풋의 다리가 되어 주는 과정이다. 당신은 이것을 활용해 새로운 시대에서 활약하는 선두 주자가 되면 된다. 이렇게 말하는 나도 아직 스마트폰 메모를 완벽하게 활용하진 못한다. 새로운 시대를 향해 당신과 함께 달려갈 뿐이다.

10
루틴의 중요성이 커진다

스포츠 분야에서는 종종 루틴(반복되는 일과)의 중요성을 강조한다. 반복적 일과를 실천함으로써 몸이 적응하면 더 이상 의식하지 않게 되고 본래 해야 할 일에 집중할 수 있기 때문이다.

인간의 몸은 본래 그렇게 되어 있다. 생활 패턴도 그렇다. 늘 일정한 시각에 일어나고 잠든다. 일어나면 먼저 세수하고 이를 닦는다. 빵과 우유로 아침 식사를 한다. 신문을 가지러 간다. 화장실에 간다. 이런 식으로 아무 생각 없이 자동적으로 움직이는 상태가 되면 본래 생각해야 할 일에 집중할 수 있다. 이처럼 루틴, 즉 습관은 대단히 중요하다.

그러면 좋은 습관이란 무엇일까. 물론 건강이나 가족을 위한 습관도 있지만 정보화 사회인 지금 중시해야 할 것은 인풋과 아웃풋의 균형이다. 인간은 어떤 것을 마냥 집어넣기만 하면 답답해한다. 그렇다고 아웃풋만을 하면 에너지 소모가 커서 피폐해진다. 적절한 인풋과 적절한 아웃풋의 균형이 건강한 정신을 유지해준다.

이 생각에 비추어 볼 때도 스마트폰 메모는 인풋과 아웃풋의 교합 부분에 해당한다는 것을 알 수 있다. 즉 여러 가지 정보를 뇌에 집어넣고 필요한 것으로 다듬어서 숙성한다. 그리고 응용 가능한 형태로 만들어 여러 과제에 대처할 수 있게끔 아웃풋으로 내보낸다.

인풋과 아웃풋을 적절하게 균형 잡는 습관을 기르면 지적으로 버전업된 자신을 만날 수 있을 것이다. 그런 의미에서 스마트폰을 이용한 생각 메모는 무척 좋은 습관이다.

11
여러 분야를 접하게 될 것이다

새로운 습관을 들이려면 동기부여와 확신이 필요하다. 일단 자신이 잘하는 분야부터 시작하자.

취미든 일이든 누구나 잘하는 분야가 있으며 그 분야에서만큼은 일가견이 있을 것이다. 일단 그 분야의 식견을 쌓는 것으로 시작하자. 당신의 뇌에는 수많은 깨달음과 식견의 이종 격투기가 벌어지고 있다. 자신이 잘하는 분야를 더욱 발달시켜서 다른 분야의 식견과 조합하는 것이야말로 강한 동기를 만들어 내는 방법이다.

예를 들어 운동 분야를 생각해 보면, 현역 시절에 일류 선수였던 사람이 은퇴 후에도 그 식견을 살려 일반인은 할 수 없는 발언과 관점으로 전혀 다른 분야에서 성공하고는 한다. 그 사람은 자신이 잘했던 분야에서 얻은 식견을 자기 나름대로 '가시화'하여 다른 분야에서도 가치 있게 만들어 낸 것이다.

　　　　　　　　　　　　　　　스마트폰 메모

스마트폰 메모로 자신이 잘하는 분야(일, 취미, 투자 등 뭐든 좋다.)에 관해 생각 메모를 부지런히 저장하면 당신도 그렇게 될 수 있다. 더 앞으로 나아갈 수 있다. 스마트폰 메모는 무한하게 저장할 수 있으며 그것만 있으면 미래에는 인공지능이 당신의 조수가 되어 일해 줄 것이기 때문이다.

12
생각 메모는 평생 필요하다

수천 수만 개의 생각 메모를 저장하고 그것을 언제든지 꺼내 쓸 수 있다는 것은 대단한 일이다. 옛날에는 아마 철학자나 작가, 학자만이 그렇게 할 수 있었을 것이다. 그리고 그때는 두꺼운 책이나 엄청난 양의 종이가 필요했다.

하지만 지금은 스마트폰만 있으면 누구나 언제든지 생각을 차곡차곡 담을 수도 있고 담은 생각을 꺼낼 수도 있다. 극단적으로 말하자면 생각 메모는 평생 무한히 축적할 수 있다. 스마트폰은 당신의 생각 무한 창고가 되고 당신의 서랍이 되어줄 것이다. 우리는 언제든지 필요한 것을 꺼낼 수 있다. 나는 스마트폰의 다음 가치는 '생각 베이스캠프'가 될 것이라고 확신한다.

스마트폰 메모

메모란 무엇일까? 글자가 생겨난 이래 인류가 해온 것이자 지식과 지혜를 창조하는 밑바탕이 되는 행위다. 옛날에는 특별한 사람만 가능했지만 지금은 누구나 메모를 하는 시대가 되었다.

이 책에서 주장하는 내용을 요약하자면, 모든 것이 디지털화되는 흐름에 맞춰 메모하는 방법도 변화를 주자는 것이다. 스마트폰 메모의 장점은 거의 모든 것을 기록하고 저장한다는 것, 그리고 그것을 적절한 때 꺼내 볼 수 있다는 것이다.

그러나 메모를 어떻게 활용하고 가치화할 것인가는 여전히 인간의 뇌에 달렸다. 다행히 우리 곁에는 스마트폰이라는 최고의 동료가 있다. 이 책에서는 우리의 뇌를 활성화하는 수단으로 '스마트폰을 이용한 생각 메모'를 습관화하자는 제안을 한다. 생각 메모를 하다 보면 내 생각의 역사라는 빅데이터가 구축된다. 그러면 당신의 뇌에는 무슨 일이 일어날까? 또한 이것이 인공 지능과 연결되면 어떤 변화가 일어날까?

아직 아무도 알 수 없다. 그러나 모르기 때문에 오히려 해 보고 싶다. 아니, 함께 해 보자. 그런 생각으로 이 책을 썼다. 끝까지 읽고 당신의 의견을 공유할 수 있다면 기쁘겠다.

2018년 10월

스도 료

감사의 말

나는 이 책을 쓰면서 '메모에 담긴 내용을 어떻게 지혜로 전환할 것인가'라는 주제를 항상 염두에 두었다. 다소 투박한 면도 있지만 '메모의 미래'라는 관점을 다룬 부분도 있다. 서점에 가 보면 각양각색의 수첩과 메모장이 겨루고 있다. 메모하는 법에 관한 책도 수없이 많다. 그런데도 이 책은 메모를 약간 다른 관점에서 다룬다고 판단해 기획을 도와준 애플시드 에이전시, 그리고 그 기획을 채택하고 편집해 준 CCC 미디어하우스의 쓰루타(鶴田) 씨에게 이 자리를 빌려 감사의 말씀을 전한다.

스도 료

참고문헌 **나루케 마코토(成毛 眞), 『황금의 아웃풋 기술(黃金のアウトプット術)』**